U0932369

中华文化谈

刘余莉⊙著

中国书店

图书在版编目（CIP）数据

中华文化五讲/刘余莉著.—北京:中国书店,2017.5
ISBN 978-7-5149-1680-5

Ⅰ.①中… Ⅱ.①刘… Ⅲ.①中华文化－通俗读物
Ⅳ.①K203-49

中国版本图书馆CIP数据核字(2017)第055592号

中华文化五讲

刘余莉 著

责任编辑：李金涛
出　　版：中国书店
地　　址：北京市西城区琉璃厂东街115号
邮　　编：100050
发　　行：全国新华书店经销
印　　刷：北京天宇万达印刷有限公司
开　　本：145×210　1/32
版　　次：2017年7月第1版　第1次印刷
印　　张：5.75
字　　数：120千字
书　　号：ISBN 978-7-5149-1680-5
定　　价：36.00元

目 录

第一讲
弘扬中华文化乃当世所必须

同志们，大家好！

今天很高兴和大家一起学习《弘扬中华文化乃当世所必须——深入理解习近平主席关于中华优秀传统文化的重要论述》。在当前社会，为什么必须弘扬中华优秀传统文化呢？我们从两个方面来看。

一、实现民族复兴，促进世界和平，必须弘扬中华优秀传统文化

（一）弘扬中华优秀传统文化是实现中华民族伟大复兴的前提

我们都知道，当前是实现中华民族伟大复兴的关键历史时期。那么，如何实现民族复兴呢？马丁·路德·金曾经说过这样一句话：“一个国家的前途，不取决于它的国库之殷实，不取决于它的城堡之坚固，

也不取决于它的公共设施之华丽，而在于它的公民的文明素养，即在于人们所受的教育、人们的学识、开明和品格的高下。这才是利害攸关的力量所在。”英国著名的道德学家塞缪尔·斯迈在《品格的力量》一书中也这样谈到：“哪一个民族缺少了品格的支撑，那么就可以认定它是下一个要灭亡的民族。哪一个民族如果不再崇尚和奉行忠诚、诚实、正直和公正的美德，它就失去了生存的理由。一旦一个国家的人民如此热衷于对财富的追求，对感官快乐的追求和如此热衷于宗派活动，以至于荣誉、秩序、忠诚、美德和服从都已经成为了过去的东西。那么，在这种堕落的社会风气之中，就只有等到那些诚实的人到处摸索，并让每个人都有了深刻的认识之后，这个民族仅存的希望，还只在于使失去的品格得以恢复，使每个人的品格得到升华。只有这样，这个民族才能够得到拯救。”

这些论述正如习总书记在考察曲阜时所说的，“一个国家、一个民族的强盛，总是以文化兴盛为支撑的。中华民族伟大复兴需要以中华文化发展繁荣为条件。”所以要实现中华民族伟大复兴的中国梦，首先必须复兴中华优秀传统文化和伟大的民族精神。

2014年10月，习总书记在中共中央政治局第十八次集体学习时的讲话中也强调：实现中华民族伟大复兴的中国梦，必须要有中国精神。而中国精神必须在坚持社会主义核心价值体系的前提下，积极深入中华民族历久弥新的精神世界，把长期以来我们民族形成的积极向上向善的思想文化充分继承和弘扬起来。

那么，中国精神到底有哪些呢？朱熹曾经概括了八德，这八德就是

“孝悌忠信礼义廉耻”。再有就是孙中山先生所概括的“忠孝仁爱，信义和平”。这两种八德去掉重复的部分，就剩下十二个字，即“孝悌忠信，礼义廉耻，仁爱和平”。这就是中国精神，也就是我们中华民族的核心价值观。自古以来，我们学什么，我们弘扬什么，我们继承什么呢？其实出不了这十二个字。那我们再想一想，假设我们每个人都具有了孝悌忠信、礼义廉耻、仁爱和平的品格，在这个世间还有哪些社会问题不能解决呢？别说现在有些孩子不孝顺父母，以自我为中心的自私自利思想很严重，小公主、小皇帝的脾气很厉害，甚至成为败家子、啃老族。只要把孩子的孝心立起来，这些问题就不会出现了。现在的腐败问题很严重，但是只要把领导干部的廉耻之心提起来，这些问题也迎刃而解了。现在的食品安全出现了很多问题，还有企业不诚信问题，只要把企业家的诚信之心给树立起来，这些问题也就解决了。所以诸多问题，看似很复杂，但是它们都是枝叶花果，只要我们把它的根给找到，这些问题就能够迎刃而解。根在哪里呢？其实根就在于古人所说的“人心正则国治，人心邪则国乱”。只要把人心给纠正了，把人给教好了，所有的社会问题都会迎刃而解。所以要实现中华民族的伟大复兴，必须首先弘扬中华优秀传统文化，弘扬中华的民族精神。

（二）弘扬中华优秀传统文化可以促进世界和平，解决种族纷争难题

习近平总书记在2014年3月27日联合国教科文组织总部的演讲中这样提到：“在教科文组织总部的大楼前的石碑上，用多种语言镌刻

着这样一句话：'战争起源于人之思想，故务需于人之思想中筑起保卫和平之屏障。'只要世界人民在心灵中坚定了和平理念、扬起了和平风帆，就能形成防止和反对战争的强大力量。"我们看看中华传统文化，是怎样在人的心灵中革除战争的思想观念，而筑起保卫和平的屏障的呢？

中华传统文化的根就是孝，中国从汉代一直到清朝都是以孝来治天下的。那我们来看看"孝"这个字，上面是"老"字的上半部，下面是一个"子"字。这一个字就告诉我们，上一代和下一代是一体的，而不是两个。而上一代还有上一代，下一代还有下一代，这上一代和下一代自始至终都是一体的。所以，中国古人保持了祭祀祖先的传统。有的外国人看了不明白，说几百年、几千年前的祖先了，你都不认识他，为什么还要去祭祀呢？这是因为他们没有"慎终追远，民德归厚"的文化传统。也就是我们谨慎地办理丧事，追奠亡故的先人，民风就自然淳厚了。为什么呢？我们想一想，一个人连祖宗都能够念念不忘，想着定时去祭祀，对于眼前的父母哪有不照顾的道理呢？他不可能一边去祭祀祖先，一边还打爹骂娘，这于情于理都是不合的。所以，祭祀祖先首先培养起了一个人深厚的知恩报恩、饮水思源的意识。

儒家从竖的方面讲孝敬，又把这个孝推而广之，从横的方面讲兄弟之间的友悌，又把这个友悌之心推而广之，讲到"四海之内皆兄弟也"。所以把孝的教育做好了，竖的方面的伦理关系就和谐了，把悌的教育做好了，横的伦理关系也就处理好了。

孝传达给我们的是一种什么观念呢？就是一体的观念。这种一体的观念树立起来了，真正认识到了，我们才能够真正做到平等对待，和睦相处。所以《孟子》上也说：“尧舜之道，孝悌而已矣。”孟子就提到，其实治天下非常容易，但是人人都愿意到远方去求，“道在迩而求诸远”，道本来就在近处。他说人人能够孝顺父母、友爱兄弟，那么天下就自然太平了。为什么呢？因为这个孝悌之心，培养起来的是一个仁爱之心。而把孝悌之心推而广之，就是佛教所讲的“竖穷三际，横遍十方”，也就是庄子所说的“天地与我并生，万物与我为一”。我们想一想，这个“竖穷三际，横遍十方”是什么呢？这个实际上是人真正的自性。很多人都认为这个身是我，其实这个身并不是我。如果这个身是我的话，我想让我这个身青春永驻，年年十八，但是我都控制不了。既然是我，我为什么又控制不了它呢？所以我们说这个身体只是我的身体，其实并不是真正的我。笛卡儿认为那个可以思想的人是我，提出了“我思故我在”。但在中国古人看来，这个能够思考的仍然不是真正的我。那么真正的我是什么样呢？就是“竖穷三际，横遍十方”，是整个宇宙万物，那才是真正的我。所以当你了解了这个真相，怎么还会和别人去对立呢？有这种认知的人，才会像尧舜禹汤一样，达到仁者无敌的境界。仁者无敌，并不是说仁德之人打遍天下无敌手，而是真正仁德的人，他体会到了宇宙人生的真相，“天地与我并生，万物与我为一”，他的内心不和任何人起对立，自然就无敌了。既然是一体的，怎么还会和人家对立呢？就像我们的牙齿不小心咬到了舌头，你还会跟牙齿过不去，跟它斤斤计较、没完没了吗？真正认识到一体，认识到宇宙人生的真相，这样的人被称之为圣人。

圣人和普通人、凡人之间的区别是什么呢？我们看看大舜就知道了。大舜的后母、弟弟三番五次要置他于死地，但是大舜并没有怀恨在心，反而总是反省自己做得不够好，没有让父母和弟弟满意。因而他到原野上去号泣，最后终于感化了他的后母和弟弟，也感化了天下的百姓。所以尧帝把帝位禅让给他。这样的人就称为“圣人”。为什么把他称为圣人呢？因为他真正认识到了“天地与我并生，万物与我为一”。我和天地万物都是一体的，那我还会恨别人吗？还会去和别人对立吗？中国古人讲，化敌为友。怎样才能化敌为友呢？靠的是真诚心的感化。《中庸》云：“唯天下至诚为能化”。至诚之心可以化育万物，何况是人心呢。如果别人打我一拳，我就踢他一脚，别人再狠狠打我一拳，我再更重地回他一脚，这就叫冤冤相报，没完没了。冲突会越来越升级，双方都受到伤害，问题仍然解决不了。

中华优秀传统文化的作用就是要达到人与人之间的和谐。所以中国古人能够协和万邦，使万国来朝，靠的是什么呢？不是靠武力的强大，逼迫着人家来臣服、来朝贡，而是自己首先做好，把自己的国家治理得井井有条，人与人之间和睦相处、谦恭礼让、彬彬有礼，最后外国人到中国参观考察，对你这儿非常佩服，愿意向你学习。所以中国历史上非常强盛的时期，不仅仅是经济的强盛，而且是文化的兴盛，靠这个文化把国家治理好。所以过去的中国被称为“礼仪之邦”，中国的皇帝被邻国尊称为“天可汗”，就是天底下公认的领导者。这个万国来朝的局面就称为“王天下”。就是自己做好榜样，让大家都来学习、效仿。

一个真正明了宇宙人生真相的人，即我们所说的圣人、贤人。他确实能够做到“在这个世界上没有我恨的人，没有我不能原谅的人，没有我不爱的人”。这才是一个真正明白人的境界。我们看中国的传统文化，传统价值观，它是以孝悌为基础。对父母能够孝顺，对兄弟能够友悌互助，把这一个心向上提升，就是互爱，也就是《论语》上所说的“四海之内皆兄弟也”。我们不仅对别人有关爱的情感，当别人需要帮助的时候，我们还要发自内心的给予同情、帮助，这就是《孟子》上所说的“老吾老以及人之老，幼吾幼以及人之幼”。而互爱互助之心再向上提升，就是大同世界，也就是我们所说的和谐社会、和谐世界。那么这个和谐世界是什么样的呢？在《礼运·大同》中有这样的描述：“天下为公”，天下不是一家的天下，是全天下人的天下；“选贤与能”，我们把贤德的人、有能力的人选拔出来担任领导人；“讲信修睦”，人与人之间讲求信用，睦邻友好；“故人不独亲其亲，不独子其子”，这样人们就不仅仅恭敬赡养自己的父母，不仅仅养育关爱自己的孩子；“使老有所终，壮有所用，幼有所长，鳏寡孤独废疾者皆有所养”，使老年人得到养老送终，壮年人能够为社会所用，幼年孩子都能够得到良好的教育，健康成长，鳏寡孤独等弱势群体都能够得到良好的照顾和赡养。那么，这不正是我们今天所追求的“中国梦”吗？

我们要实现中华民族的伟大复兴，不仅仅是使中国的经济强大，更是要把中国优秀的传统文化带给世界，为解决诸多难题提供启示。2014年3月习近平总书记在德国科尔博基金会演讲中指出：“中国自古就提出了‘国虽大，好战必亡’的箴言，以‘和为贵’‘和而不同’‘化干戈为玉帛’‘国泰民安’‘睦邻友邦’‘天下太平’‘天下大同’等理念世代相传。中国历史上曾经长期是世界上最强大的国家之一，但没有留下殖民和侵略他国的记录。我们坚持走和平发展道路，是对几千年来中华民族热爱和平的文化传统的继承和发扬。”习总书记的这些讲话，无论是在国内还是在国外，都深受欢迎。大家对他都特别爱戴，特别拥护，一个重要的原因就是他对中华传统文化有深刻的理解和认同，他经常在讲话之中引用这些经典，而且把这些理念运用到治国理政上。所以，他讲起这些典故、历史经验，非常有底气，让人信服。2014年9月24日，在纪念孔子诞辰2565周年国际学术研讨会的讲话中，习总书记也提出：“世界上一些有识之士认为，包括儒家思想在内的中国优秀传统文化中蕴藏着解决当代人类面临的难题的重要启示。”这句话不是偶然提出来的，也不是没有依据的。

现在我们很多人对自己的传统文化失去了信心，但是在国际上交流的时候，我们看到外国人在认真地研究中国传统文化，而且非常赞赏。英国著名的历史学家汤恩比先生，他是从文化学的角度来研究历史，系统地研究了各个国家的文化发展史，最后他得出了这样一个结论：能够真正解决21世纪社会问题的，唯有中国的传统文化。无独有偶，1988年的一天，75位诺贝尔奖的获得者在巴黎开会，面对世界环境危机、恐怖主义、道德危机等等，他们共同发出了呼吁：“人类要在21世纪生存下去，就必须从两千五百年前中国的孔夫子那里去汲取智慧。”这些人都是某个领域中顶尖的科学家、思想家，他们都富有科学精神，他们能提出这样的论断，决非偶然。说明什么呢？说明他们对中国传统文化有深入的研究，也有坚定的信心。世界难题确实很多，靠什么来解决呢？确实要靠弘扬中华优秀传统文化才能够解决。

二、如何实现文化复兴，树立文化自信

（一）理上的深入

首先，我们要对传统文化有深入的理解和研究，也就是说要在理论上深入。为什么习总书记对中华优秀文化深具信心呢？我们看，习总书记的父亲习仲勋老先生，早在2001年就为《群书治要》这部书题了四个字“古镜今鉴”。《群书治要》是为唐太宗的“贞观之治” 奠定思想理论基础的一部资政参考书，它把唐朝以前经史子集中，有关“修身、齐家、治国、平天下”的精髓全都概括起来，这一部书使唐太宗造就了贞观治世。但是，后来这部书在中国就失传了。清朝的时候，日本人向中国进贡，这部书又从日本回到了中国。因为那个时候战乱接踵而来，也就很少有人深入研究这一部书了，所以它鲜为人知。习老先生在2001年为《群书治要考译》，也就是这部书的白话注解，题了四个字——“古镜今鉴”。说明什么呢？说明我们要把今天的国家治理好，需要借鉴中华五千年历史中的治国理念、治国经验、治国教训、治国方法。那我们再看，习总书记之所以在讲话中能引经据典，信手拈来，说明他对中国传统的典籍、文献非常熟悉。在中共中央党校建校80周年庆祝大会上，他有一篇重要的讲话，其中就强调了传统文化的重要性。他说：“中国传统文化博大精深，学习和掌握其中的各种思想精华，对树立正确的世界观、人生观、价值观很有益处。古人所说的‘先天下之忧而

忧，后天下之乐而乐’的政治抱负，‘位卑未敢忘忧国’‘苟利国家生死以，岂因祸福避趋之’的报国情怀，‘富贵不能淫，贫贱不能移，威武不能屈’的浩然正气，‘人生自古谁无死，留取丹心照汗青’‘鞠躬尽瘁，死而后已’的献身精神等，都体现了中华民族的优秀传统文化和民族精神。我们都应该继承和发扬。”

我们听了这段话，一方面对习总书记对历史典籍的透彻掌握非常佩服，另一方面也促使我们反省，为什么中国古人一说起来就是胸怀天下，心系苍生？顾炎武说“天下兴亡，匹夫有责。”与此相比较，我们现在的年轻人都在想什么呢？许多人是满腹牢骚，不是谁对不起他了，就是谁又和他过不去了，整天怨天尤人。那我们就想一想为什么人们的思想境界，人们的道德水准相差得这么远呢？我认为一个重要的原因就是现在人所读的书和古人不一样了，所接受的教育不同了。古人从小熟读经典，深入四书五经，比如说《大学》开篇就讲：“大学之道，在明明德，在亲民，在止于至善……古之欲明明德于天下者，先治其国。”怎么样，你看开口就是天下。《论语》上也说：“士不可以不弘毅，任重而道远。仁以为己任，不亦重乎？死而后已，不亦远乎？”所以你看古人开口有这样的政治抱负，有这样的报国情怀、浩然正气、献身精神就丝毫不奇怪了。因为他们所接受的教育就是这样的教育，所以他们成为圣贤君子也是自然的。

我们现在的孩子所接触的教育是什么呢？你看经典在语文课本中，虽然在习总书记的重视下传统文化分量越来越多，但是和古人相比，那也是少得可怜。再看我们所接受的社会教育，我们所接触的电影、电视剧、网络游戏，都是在教导人什么呢？许多都是骄奢淫逸，吃喝玩乐。在这样的氛围中，人们去攀比，去竞奢斗富，那也丝毫不奇怪了。所以从这里，让我们深深反省，丢掉了自己的传统文化，后果确实是非常严重。

我们再看，习总书记在弘扬中华文化问题上立场鲜明，态度坚决。为什么他这么态度坚决呢？为什么他这么有信心呢？原因很简单，因为他对中华文化的理念有深入的理解，不是浅尝辄止的，不是人云亦云的，不是道听途说的理解。在2014年中共中央政治局第十三次集体学习时，他强调："抛弃传统，丢掉根本，就等于割断了自己的精神命脉。博大精深的中华优秀传统文化是我们在世界文化激荡中站稳脚跟的根基。中华文化源远流长，积淀着中华民族最深层的精神追求，代表着中华民族独特的精神标识，为中华民族生生不息、发展壮大提供了丰厚滋养。中华传统美德是中华文化精髓，蕴含着丰富的思想道德资源。不忘本来才能开辟未来，善于继承才能更好创新。"看看这一段话说得多么精辟！尤其里边提到的"中华传统美德是中华文化精髓"这句话太精辟了，精辟在什么地方呢？你看我们现在也知道传统文化好，也希望弘扬中华优秀传统文化。但是从哪里入手呢？中华文化核心的精髓是什么呢？是中华传统美德。如果离开了美德这个核心，那其他的内容就都缺乏有力的支撑，所以你看什么叫文化，文化的本质就是"以文化人"。

什么是文呢？这个文就是文字、文章、礼乐等等这些东西。它要起到什么样的作用呢？它要能够起到改变人的气质的作用。使人转恶为善，转凡成圣，转迷为悟，这个叫化人。比如说，我们没有听这首歌之前，我们是什么样的，我们听了这首歌之后，我们变得孝敬父母了，我们生起了感恩之心，夫妻之间更加恩爱了，这个叫化人。所以，古人说“读书贵在变化气质。”如果你读《论语》之前是什么样的人，读了《论语》之后还是什么样的人，《论语》就白读了。那么古人学习文艺、听音乐，都是做什么用的呢？它也是变化气质、陶冶性情，让浮躁的心平和下来。古人让孩子从小学什么呢？让孩子学习琴棋书画，这些琴棋书画绝对不是为了一技之长，而真正的目的是让人的心能够定下来。因为因定才能够开慧，这个人的智慧从哪里来的呢？是从定中得来的。你看古代的这些文艺作品，都是起到提高人的修养、改变人的气质的作用。所以古人才说“三日不读书，面目可憎”。为什么三日不读书就面目可憎了呢？因为古代的书都是圣贤书，比如说《论语》教导你，人要有仁爱之心，要有孝悌之心等等。如果三日不提醒，自私自利的心、对父母不恭敬的心就全都提起来了。那么古代社会是什么情况呢？古代基本人人都读圣贤书，社会也都提倡“孝悌忠信礼义廉耻”，在这种社会环境下三日不读书就面目可憎、面目全非，出去为人处事、接人待物就会产生问题。在我们现在社会，是一日不读书就面目可憎了。一日不读圣贤书，保证你自私自利的心，自私的想法就生起来了，出去肯定是面目可憎。我们想一想，孔老夫子的弟子就说“四海之内皆兄弟也。”这是人与人之间相处、交往的一种正常现象，走到哪里，哪里都应该是兄弟姐妹。但是我们现在的社会是这样的情形吗？不是。什么原因呢？就是不读圣贤书的结果。所以“经书不可不读”，甚至是不可一日不读，一日不读就面目可憎。

在2014年10月，习总书记在中共中央政治局第十八次集体学习时又强调："要治理好今天的中国，需要对我国历史和传统文化有深入了解，也需要对我国古代治国理政的探索和智慧进行积极总结。"看了这句话，我感觉总书记就是在呼唤《群书治要》。为什么呢？因为《群书治要》这一部书，是中国传统社会治国理政的精髓，它是把治国的经验和教训总结到一起了。如果我们每一个领导干部都能够深入学习《群书治要》，用《群书治要》中的治国理政经验和智慧来治理我们的国家，确实能够做到见和同解，上下一心、团结一致，我们中华民族就会长久屹立于世界东方。

我们要深入了解传统文化，首先要知道中华传统文化的特色是什么。与西方文化相比，中国传统文化的特色是伦理文化，而西方文化的特色是宗教文化。我们到西方国家去旅游，西方人带我们去的最多的地方可以说是教堂。这说明什么呢？说明在历史上，西方的文化受宗教的影响非常深远，它的政治制度维护公平正义，但是仁慈博爱、诚实守信的道德教育是由教会来教导的。我们向西方学习的时候，往往只看到了西方重视制度建设的一面，误以为只要把西方的一些先进制度搬到中国来，就会使中国的很多问题迎刃而解，但是，我们却忽视了西方的宗教文化培养起来的公民道德素质。公民的诚信、公民守规则的意识，靠的是什么？其实靠的是长期的宗教教育潜移默化的影响。但是，我们国家的历史不是宗教文化的历史，我们的历史是伦理道德教育的历史。也就是说我们在政治制度的设计中，既维护公平正义，同时也要把人的道德修养培养好。在政治制度的设计中，就是要把人培养成好人，把好人选拔在领导的位置上。所有的选举制度也好、监察制度也好，都是要使善良的人得到好报，使有德行的人居于领导的位置。

在《群书治要·韩诗外传》上记载，古代都有“命民”。什么叫“命民”呢？就是这一个人，孝敬父母、恭顺、退让，凡事都礼让。如果有这样的人，皇帝就把他封为“命民”。“命民”，那是非常高的一种荣誉。他出行的时候就可以坐着两匹马并排拉的车子，这个车子可以装饰得很好看。别的人，无论有多少钱，但是没有“命民”的称号，绝对不可以乘坐这样的车子。那么，这个制度告诉我们什么呢？告诉我们有德的人受尊敬。你有钱但没有德，你不能够享受这样的待遇。这叫什么呢？这叫引导人向善，使好人有好报，好人善人最受尊敬。为什么古时候大家都愿意向善向德？因为向善向德的人受尊重。那我们现在社会如何呢？比如说我们在机场，每一次登机之前都能听到请头等舱和商务舱的乘客先行登机的广播。这告诉我们什么呢？告诉我们只要有钱，就可以享受好的服务，就可以比别人优先。那你看社会怎么引导，大家就会怎么去追求。如果是在古代，你即使再有钱，你不可以坐头等舱。谁坐头等舱呢？道德模范，请道德模范先行登机。

社会是怎么引导的，大家就会朝向那一个方向去追求。所以中国古代不是不重视制度建设，而是把所有的制度建设都围绕着怎样把一个人教导成好人，把这个好人选拔到领导位置上。就像孟子所说的，一个人没有仁德之心，但是却高高在上，居于领导的位置，就等于什么呢？就等于把他的过恶播撒到广大民众中去了。所以中国文化非常了不起，它是在制度建设之中，就把道德教育考虑在其中了，不仅仅关心到这个制度是否公平正义，还关心到它是不是引导人向善。这是中华文化的特色。

我们再看，现在都说改革开放以来最大的失误是教育，那么教育到底失误在什么地方呢？现代教育出了什么问题呢？出现的一个最大的问题，就是重视知识技能的传授，而忽视了伦理道德的教育。像《三字经》中说“首孝悌，次见闻”，首先要培养、提高一个人的品格和道德修养，然后再教他怎么去做事。可我们现在的教育呢？向西方学习了，高等教育变成了高等知识和技能的传习所，做人的教育基本不考虑了。我们现在社会，为什么会出现这么多的食品安全问题呢？有人把人才分为四个等级，说“有德有才是正品”，这个人有德行又有才能，这是我们社会所急需的，叫正品。“有才无德是毒品”，这个人有才能、有知识，还有技能，但是德行很差，他会怎么样呢？他会把自己掌握的高科技用来谋取私利，满足自己的欲望。结果怎么样呢？他知道三聚氰氨放到奶粉里是什么效果，这毒奶粉不就出现了吗？所以说，有才无德的人是毒品。“有德无才是次品”，这个人德行很好，很诚实，很负责，但是他才能不够，你培养培养他，还可以用，虽然不如正品那样，但是他也不会像毒品那样对我们的国家和社会造成严重的危害。最后，“无德无才是废品”，这个人既没有德行，又没有才能，对社会无所贡献，甚至还危害社会，这个叫废品。当然这样的是比较少的。

我们看现在的学校，把什么样的人当成是人才了呢？把“毒品”当成了人才，为什么呢？因为他有知识、有技能，但是没有德行。这样的人走上了社会，进入了企业，他怎么可能不做出危害社会的事情呢？食品安全等问题，不就是这样出现的吗？所以教育最大的问题，就是忽视了做人的教育，伦理道德的教育。

中国古人早在《礼记·学记》上就提出，“建国君民，教学为先”。建立一个国家，领导一国的百姓，什么是最重要的呢？教育是最重要的。那教育的目的是什么呢？《学记》也用一句话给我们指出来了，“教也者，长善而救其失者也”。教育的目的就是使人的善良不断增长，使人的过失得以挽救。这才是教育的核心。所以古代的人，像范仲淹，他是随着受教育的时间越长德行越好。再比如，中国人为什么没有提出人权的观念？很多外国人说中国人不讲人权，特别是很多西方人总是拿人权问题来对中国进行指责，这确实值得我们深思。我们中国五千年的文化辉煌灿烂，为什么就没有提出人权这个观念呢？为什么？因为没有必要。为什么这么说呢？你看我们古人，对领导者都是这样的要求，比如在《六韬》上记载，周文王来向姜太公请教，说我怎么样才能治理好国家呢？姜太公对他说，善于治理国家的人，他对待人民就像父母慈爱儿女，就像兄长慈爱弟弟一样。是什么样的态度呢？是“见其饥寒则为之哀，见其劳苦则为之悲”。看到老百姓饥寒交迫，就发自内心地为他们感觉哀伤，看到老百姓劳苦奔波，就想方设法去解决他们的问题，也会为他们感觉到悲哀。看到这句话，我们想一想，父母是怎样爱儿女的？父母爱儿女是宁愿自己受冻挨饿，也要让儿女吃饱穿暖。古代的这些圣王，对待人民的态度就如同父母爱儿女、兄长慈爱弟弟一样。所以古人说“爱民如子，视民如伤”。什么叫“视民如伤”呢？很多人说就是把人民视为受伤的病人一样，加以关爱，加以体恤。其实这个程度还不够，要把人民视为自己的伤病加以体恤，加以关爱。我们想一想，自己生病的时候会怎么样呢？一定是想方设法四处求医，把自己的病医治好。所以你对待百姓的疾苦，就应该像救治自己的伤病那样心急如焚。一个领导者对百姓是这样的态度，百姓还需要拿着人权去和他讨价还价吗？完全没有必要。所以《左传》在总结一个国家兴衰成败的原因时这样写到："国之兴也，视民如伤，是其福也；其亡也，以民为土芥，是其祸也。"一个国家之所以能兴盛，就是因为他把人民视为自己的伤病，这是一个国家的福祉所在；而它之所以灭亡，就是把人民视为泥土和小草一样的低贱、不值钱，可以随意践踏。这是一个国家之所以产生灾祸甚至被灭亡的原因所在。这些古代的帝王从小熟读圣贤书，对这些道理怎么会不明了呢？

《史记》记载，在几千年之前，就曾经出现过三种不同层次的管理。子产在治理郑国的时候，他把法律监督机制设计得非常合理严密，老百姓想欺骗他都做不到，他达到的是不能欺的境界。西门豹在治邺县的时候，他把法律设计得非常严苛，只要老百姓一犯法，就给予严惩，他达到的是不敢欺的境界。孔老夫子的弟子宓子贱去治理单父的时候，他把仁爱忠恕的理念应用到管理之中，而且是担起了君亲师的责任。我们讲"作之君"，就是要领导他、管理他；"作之亲"，就是要像父母亲一样去关爱他；"作之师"，就是要像老师一样教导他做人的道理，让他明了自己在伦理关系中的责任和本分。当然这个师最重要的是为人师表，自己首先要做到，身教重于言教。子贱他把这些都做到了，最后达到什么效果呢？他达到的是不忍欺的境界，老百姓不忍心欺骗他们的长官。

子贱有个同学叫巫马期，他很想知道子贱是如何治理单父的，于是就乘夜色到单父去私访。结果看到一个人在夜色下捕鱼，这个人捕上了很多鱼，看了一看，又把鱼放回到河里。他觉得很奇怪，就走上去问到："我看你捕鱼，为什么捕上了很多鱼，又把它们给放回河里去了呢？"这个人回答说："我们的长官子贱告诉我们，不要去捕杀那些还在生长中的小鱼。而我刚才所捕上来的恰恰是那些还在生长中的小鱼，所以我把它们又放回到河里去了。"巫马期听了之后非常感慨，回到孔老夫子那里就说："子贱治理单父，使人能够做到即使没有人监管，也像严刑峻法就在身边一样。不知他是靠什么方法达到这个效果的？"孔老夫子说："我听子贱说，一个人对身边的人事物有精诚之心，这种影响自自然然就会波及到远方，我想他就是把这种方法运用到管理之中了。"

这个捕鱼的人，可能并没有见过他们的长官子贱，但是子贱那种爱民如子、视民如伤的心能够为他所体会所了解。因为他信任子贱，他所制定的每一个制度政策，都是有利于整个百姓的利益和长远发展的，所以，他制定的制度政策百姓也愿意去遵守、去执行。所以孔老夫子说，"信"这个字特别重要，"民无信不立"。如果人民不信任政府，这个国家就很难治理好。所以要治理好国家，首先要取信于民。中国古人讲君仁臣忠，领导者仁慈、关爱属下，属下就会竭尽全力地完成领导交给自己的任务。他们是荣辱与共、休戚相关，是一体的关系，互相感恩，互相合作，团结互助。把这种一体的理念运用到社会各个方面，就会使矛盾、冲突、问题都化解在无形之中。它不是靠那种对立的思维来解决问题的。所以中国古人没有提出人权的要求，那是因为没有必要，他有更先进的理念，已经把领导与被领导者之间的关系处理得很好了。

北京有一家企业，在学习《弟子规》之前，这个企业人际关系很不融洽。后来他们集体学习《弟子规》，力行传统文化，几年之后，他们的企业发生了很大的转变。有一年发年终奖的时候，一位中层管理人员看了老板给他发的奖金，就来找老板，他说："老板，你给我的年终奖太多了，大大超出了我的意料，我想把更多的钱省出来用于弘扬传统文化，用于企业的扩大再生产？"他有一种知恩报恩的心。他拿到这么多的奖金，首先问自己的工作，对公司的付出，配不配所领到的薪水和奖金。这是什么？这是感恩之心。在这种情况下，老板不仅仅关心他的经济收入，还关心他的家庭幸福、儿女教育，关心到他身心的健康成长，所以他对老板是感恩戴德，对企业就像自己家的一样。

中国人为什么没有提出西方式的民主呢？特别是那种一人一票的选举制度。很多人认为那是一种很先进的民主制度。在《论语》上，孔老夫子说了这样一句话："众恶之，必察焉；众好之，必察焉。"告诉我们什么呢？很多人都厌恶这个人，都说他不好，你也不要听之任之，你要认真考察，大家为什么厌恶他。是不是因为大家都是贪污受贿的，他特立独行，不愿意同流合污呢？你看郑板桥为什么写下"难得糊涂"，因为当时的官场很腐败，很黑暗，他一个人不贪不占，可能就会和别人对立了。所以他装糊涂，装聋作哑，这样还能够维持自己这一份工作，还能够为老百姓说话、办事。如果你和他们强硬地对立，很快你这个小芝麻官都做不了了，你想为百姓去办点事都不可能了。所以他写下了“难得糊涂”四个字。那么“众好之，必察焉”，很多人都喜欢他，都说他好，你也要去认真考察，大家究竟为什么说他好？可能这些人都是他的同党，都受过他的利益、好处，他当了官就会把好处分给这些人，利益共享。这告诉我们，民主选举不一定能够完完全全、彻彻底底、清清楚楚地反映出一个人的真实水平和道德水准。

在《群书治要·晏子》中就举了这样一个例子。晏子去治理阿县，三年之后，各种各样诽谤的声音就传到了齐王的耳朵里。齐王很不高兴，就把他召来了。说你去治理了三年，结果各种不满的声音都传过来了。晏子看到这种情景，他也没有解释，他知道解释也没用。他只是说，我知道自己的过失了，请再给我三年时间治理阿县，保证三年之后赞叹的声音都传到您的耳朵里。齐王就答应了。 晏子重新回去治理阿县，果然，很快各种赞叹的声音都传到了齐王的耳朵里。齐王很高兴，就把晏子召来要封赏他。这个时候晏子说话了，他说，我不应该接受这个封赏。为什么呢？他说三年之前我到阿县的时候，我是怎么做的呢？我是竭忠尽智，我是一心想把这个阿县治理好，我修筑小路，加强住宅、里巷门户的防务，结果那些邪恶之人就憎恨我，因为他们想去偷东西不得其便了。我还提倡生活节俭，要求百姓都孝顺父母、友爱兄长，惩罚那些苟且偷懒的人，结果那些懒惰的人就怨恨我了。我在审理案件的时候，不包庇显贵豪强，以至于显贵豪强就厌恶我。我身边的同事有所要求，合法的我才给予，不合法的就不给予，一视同仁，很公平，结果我左右之人就讨厌我。当我接待达官贵人人时，亲近程度也不超过礼仪的规定，结果这些达官贵人人也不喜欢我。于是三种邪恶之人在外部诽谤，两种谗佞之人在内部诽谤，所以三年内这些诽谤都传到您的耳边了。等我再回去治理阿县的时候，我就改变了原来的做法，我停止修筑小路，放松住宅、里巷门户的防务，结果邪恶之人就高兴了。我也不再推崇生活节俭，不让人去尽力孝顺父母、友爱兄长，也不去惩罚那些苟且偷懒之人，结果苟且偷懒之人就高兴了。审理案件时要偏袒显贵豪强，显贵豪强也高兴了。身边之人只要有所求，我全都答应，也不管它合理不合理，所以我左右之人都高兴了。接待达官贵人人，亲近程度超过礼仪的规定，结果这些达官贵人被招待得很好，他们也高兴了。所以三种邪恶之人在外部称赞，两种谗佞之人在内部称赞，于是三年之内我的好名声就传到您的耳边了。三年之前，我的所作所为是应该受到赏赐的，但是您却想惩罚我；而现在我的所作所为是应该受到惩罚的，但是您却要封赏我，我实在不配接受这个封赏。齐王听了之后，沉思片刻。当然他还是很明智的，知道晏子是一心为国家着想，所以才如此诚实，把自己的这些想法和做法如实禀告，所以晏子仍然是受到了齐王的赏识和重用。

历史上类似的故事很多，说明什么问题呢？正像孔老夫子所讲的，很多人都说这个人不好，并不意味着这个人真的不好，因为他的施政纲领可能触及到了一些人的利益，被触及利益的人当然就不高兴，但是从长远来看，他的所作所为对国家、对集体、对人民都是有利的。像郑国子产刚要改革的时候，百姓也是非常怨恨，甚至希望有人去把子产杀了才好。但是子产的新政推行几年之后，这些老百姓的儿女都教导好了，不懒散了，而且都向善了，田产也都升值了。这个时候，老百姓的态度就变了，说如果子产得病了，我们家任何一个人都愿意代替子产去生病或者去死。说明什么呢？说明好的施政纲领要施行时，总有可能会触犯一些人的利益，一些人会反对。为什么呢？因为他们已经习惯于骄奢淫逸的生活，虽然这个骄奢淫逸的生活于己于国都是有害的，但是习惯成自然，也就积非成是了。

所以我们不能够只根据是多数人的意见还是少数人的意见，来评定这件事情合不合理。美国出兵伊拉克等很多民主选举所导致的结果，都是非常恶劣的。著名的大哲学家苏格拉底，也是通过民主投票被处死的。他的两个罪名，第一就是蛊惑青年，第二就是不敬神。那么这些告诉我们什么呢？告诉我们，民主也是有前提的。前提是什么呢？就是参加民主投票的这些民众，要具有一定的道德素质和理性思维能力。所以在《群书治要·六韬》上太公说了这样一句话："君以世俗之所誉者为贤智"。如果领导者以世俗，就是社会大众所称叹的人，认为是贤德有智慧的人，"以世俗之所毁者为不肖"，以社会大众所毁谤的人，认为是不贤德的人，那么结果是什么呢？结果就是"多党者进，少党者退"。有很多党羽的人、喜欢结党营私的人就被举荐出来了。不愿意结党营私的人，廉洁自律、特立独行的人就被罢退了。"是以群邪比周而蔽贤，忠臣死于无罪。"这样的结果，就是那些邪曲不正的人结党营私，把真正贤德的人给蒙蔽了、埋没了。像岳飞这样的忠臣，因为"莫须有"的罪名被判处了死刑。"邪臣以虚誉取爵位。"邪曲不正的人以虚有的声誉取得了领导的位置。“是以世乱愈甚，故其国不免于危亡。”这样做的结果就是世间的乱相会越来越严重，这个国家就免不了危亡了。

所以，一人一票的选举制度，也有很多弊端，造成很多社会乱象。因此，中国人不采取这样的民主，我们现在采取的民主是协商民主，这也是充分地吸收传统文化的结果。要对中国传统文化有深入的了解，才不至于人云亦云，盲目地批判，说是什么封建的、落后的、愚昧的，事实上并非如此。

（二）事上的验证

第二个方面，我们要对传统文化生起信心，还需要有事实上的验证，也就是说我们得看到事实。那我们从哪儿来验证呢？我们从习主席身上就得到了最好的验证，可以说习主席的优良家风，就是继承中华优秀传统文化的结果，就是中华文化教育的结果。我们看《习仲勋传》的时候，最后一章就讲到了他的家道和家风。在书中有这样一些记载，我们一起分享一下。

“习仲勋注意教育孩子从小养成节俭的良好生活习惯，他言传身教，从点滴做起。他经常用‘谁知盘中餐，粒粒皆辛苦’的名言教育孩子，吃饭时掉在桌上的米粒都要捡起来吃掉，一丁点也不浪费，吃到最后还要掰一块馒头，把碗碟上的菜汁擦干净。这种无声的教育，使孩子们都养成了不浪费一粒粮食的好习惯。孩子们的衣服和鞋袜，大都是接力着穿，大的穿旧了再让小的穿。”所以你看这种注重节俭的习惯，那不就是中华优秀传统美德的体现吗?

中国古人告誡我们:“由俭入奢易,由奢入俭难。”一个人从小养成了节俭的习惯,他知道自己的这个一针一线、一粒米全都是来之不易的,他才能够珍惜。所以在小的时候,他知道惜福还要培福,也就是要努力学习,让自己有能力报效祖国。到中年的时候,就是用自己的所学所能来造福社会。到老年的时候,他把儿女都教育好,儿女都有孝悌的观念,对老人非常尊敬,儿孙围绕膝下,享受天伦之乐。所以老年人能享福,这是一种很幸福的人生轨迹。

我们再来看,这本书还写到:“习仲勋还非常注意保护环境,节约水电。经常教育家属和身边工作人员厉行节约,习家人节俭行为出乎人的意料。习仲勋习惯用浴盆洗澡,每次洗完澡的水留着让孩子们再洗,然后还要用澡水洗衣服。家里厅堂的灯晚上一般很少打开,他要求房间里只要没人,一定要随手关灯。在外面散步时看见地上有烟头,他都会俯身捡起,扔到垃圾筒里。在他的影响下,家人一直保持着随手关灯、节约用纸、拧紧水龙头、自觉维护公共卫生的良好习惯。不仅儿女们一直保持着,就连孙辈们也继承了爷爷的这些好传统。”你看看,为什么能够培养出习主席这样的领导人?那绝对不是偶然的,是因为父亲的言传身教给予了他很深远的影响。

2016年春,中央台一频道在《新闻联播》之前曾经播放过一部动漫片,讲的是郑义门。这个郑义门,我们在以前讲课中经常提到。这个家族从宋朝到清朝出了173位大大小小的官员,却没有一个人贪赃枉法,都是廉洁奉公。为什么有这样的效果呢?就是因为他们有严格的郑氏家规。这个郑氏家规对怎么样教育儿女，邻里相处，怎么样为官都有清楚的规定。所以家教好，对于一个人一生都有深远的影响，同时也告诉我们，家庭教育是教育的开始。

在二战前夕，有一批欧洲学者一直在研究，为什么四大文明古国，只有中华文明承传至今，绵延不衰？最后他们得出了一个结论，那就是中国人特别重视家庭教育。这个结论是完全正确的。为什么说是完全正确的呢？中国人说“闺阃乃圣贤所出之地，母教为天下太平之源”。天下太平是怎么得来的？现在天下为什么有这么多的冲突和纷争呢？曾经有澳大利亚昆士兰大学的教授们向一位长者请教，我们现在都在讲化解世界冲突，促进世界和平，您认为世界冲突的来源是哪里呢？这位老人家回答说，世界冲突的根源在于家庭。这些专家觉得很奇怪，世界冲突的根源怎么会在于家庭呢？他说在于父子之间的冲突，在于夫妇之间的冲突。我们想，一个孩子生长在一个父母经常吵架的环境中，他从小也就学会了吵架和对立，那么他的这种做事方法就会带到社会上，和老师对立，和同学对立，和他交往的一切人都是一种对立的思维。相反，一个孩子生长在母亲诚敬谦和的氛围之中，父母从来都不吵架，都是和睦相处、同甘共苦，都是各自责，遇到问题都是主动承担责任的，他走上社会会怎么样和人相处呢？他也是诚敬谦和，他不会想到要用武力、要用对立的方式去和人家解决问题。所以你看这个家教多么重要！如果每一个孩子从小都受到“孝悌忠信礼义廉耻”的教育，你想想他走上社会会如何待人接物呢？现在我们企业都讲执行力，有人说我们这个企业没有执行力，为什么没有执行力？原因很简单，就是因为没有学习传统文化。《弟子规》第一篇就说："父母呼，应勿缓；父母命，行勿懒；父母教，须敬听；父母责，须顺承。"那我们现在的孩子是这样的态度吗？看没看到过这样一个孩子，无论他在做什么，一听他的父母叫他的名字，立刻放下手边的工作，恭恭敬敬地跑到父母的面前，甚至还鞠一个躬说："请问爸爸妈妈有什么事吗？"我们看到这样的孩子是否会觉得很好笑？那我们觉得什么样才是正常的呢？这个孩子听到父母叫他的名字，他是爱答不理，闻如未闻，还是在做他自己的事情，或者是漫不经心地回答一句"干吗？你没看我忙着吗？"大家认为这样才是正常的么？那么，这样的孩子对父母的这个态度养成了，他到学校会对老师恭敬吗？他对老板会恭敬吗？如果他对老师很恭敬，对老板很恭敬，那也是假的，是因为有利可图，装出来的。如果是真的，应该是一贯的，首先对父母就是恭敬的态度。

老板对员工没有执行力了，什么原因呢？就是因为家教已经没有"父母呼，应勿缓"的意识了。所以我们把这个父母换一下，说"老师呼，应勿缓""老板呼，应勿缓"，这不就是执行力吗？"老板呼，应勿缓；老板命，行勿懒；老板教，须敬听；老板责，须顺承。"还有比这更强的执行力吗？那么这种态度是从哪儿培养起来的呢？是从家庭对父母的态度培养起来的。所以，我们说"一分诚敬得一分利益，十分诚敬得十分利益。"现在的人没有恭敬心，你说他没有恭敬心，他听不懂。他觉得我已经够恭敬的了，你怎么还说我没有恭敬心呢？所以我们不读经典，确实不知道自己错在何处。我们看一看《弟子规》，就知道自己有没有恭敬心了。这是良好家教的开端，在这样的家教之下，培养出的孩子是什么样的人格呢？肯定是孝顺父母、恭敬父母，养父母之心，养父母之志。

所以，一个人接受什么样的教育，他就成就了什么样的人格。那么这些家教，完全是受中华传统美德的影响。在东汉时期有一位官员叫杨震，他赴任东莱太守时路过昌邑县，这个昌邑县令王密就是他曾经举荐的。王密听说自己的恩人路过，就趁着夜色带了十斤黄金送给杨震，杨震拒不接受。王密说："这件事没有人知道。"杨震怎么回答呢？杨震说："这件事天知、神知、你知、我知，这叫四知财，怎么说没有人知道呢？"所以他就拒不接受。在这种廉洁作风的影响下，杨震一家都非常廉洁，可以说是很清贫。到晚年的时候，有同事就劝他，说你不为自己考虑一下，也要为子孙后代着想，也要留一点家产给他们。杨震说："我留给我儿孙最好的财富，那就是他们是一位廉洁官员的后代。"结果怎么样呢？果不其然，他的后代子孙都受到杨震的影响，非常廉洁，而且连续四世都有儿孙做到"三公"的位置。所以，历史上说杨家是"四世三公"。不仅如此，杨家还把他们家的堂号取名为"四知堂"，提醒凡是从这一个匾额下走过的后代子孙，都要学习杨震不收"四知财"的精神。他的家风代代相传。在前几年的时候，杨家的后代到了缅甸，"四知堂"的堂号仍然存在，仍然在纪念他的祖先这种廉洁的作风。杨家后人就是在这样的一种道德情操的熏陶之下成长起来的，也正是这样一种良好的家风，使他们家代代有贤人出现。

习主席在讲话中，也曾引用唐朝著名诗人李商隐的一句诗："历览前贤国与家，成由勤俭破由奢。"我们看历朝历代的国家兴旺衰败，原因在哪里呢？无一例外地都是勤俭持家而兴盛，最后也都是因为骄奢淫逸而导致了灭亡。《周易》告诉我们，“积善之家，必有余庆；积不善之家，必有余殃”。这也是历史的经验。

在《习仲勋传》上记载着这样一个故事。有一个大学青年教师在“文革”期间打过习仲勋，“文革”后，这个教师所在的学校派人找到习仲勋调查取证，习仲勋对来人说：“当时都是年轻人，算了吧！”当外调人员要告诉打他的人的名字时，习仲勋摆摆手说：“我不需要记住这个人。”在“文革”中审查过他的专案组工作人员，有的时候办案态度恶劣，后来，习仲勋不计前嫌，对这些人一律既往不咎。这让我们想到了明朝袁了凡所著的《了凡四训》上的一句话，“人之无过咎而横被恶名者，子孙往往骤发。”说一个人他没有犯什么过失，也没有什么罪过，但是被人无端侮辱诽谤，给他加了很多的恶名，无缘无故地受冤枉，这个时候他还能够忍受，结果怎么样呢？“子孙往往骤发”。你看他的子孙后代往往突然就发达起来了。这是什么原因呢？这就是“积善之家，必有余庆”的结果。

习仲勋对身边工作人员要求严格，在他身边工作过的秘书、警卫、公务员都深有体会。他要求大家绝不能利用领导的名义和工作的特殊性，为他人或个人谋取利益，得到特别的照顾和提拔，要与其他工作人员一样，平等地接受组织的考察、调配和监督。习仲勋特别讲，秘书是一个特殊的工作岗位，因为在领导身边，帮助领导做具体工作，下情上传，上情下达，责任重大。秘书的思想品质、工作作风，尤其是纪律观念，对群众影响很大，也影响着其他工作人员。秘书岗位虽然特殊，但人不能特殊。你看看，习老对身边的工作人员这样严格要求，非常值得钦佩。

早在《尚书》上就有这样的记载。在周朝的时候，这些圣王所任用的侍御仆从，全都是正直的人。什么是侍御仆从呢？就是侍奉他的人，给他驾车的人，跟从在他身边办事的人、服务人员。用我们现在的话来说，那就是领导的秘书、司机、服务员等等。那么要用什么样的人呢？在经典中告诉我们，不能用那些谄媚巴结、阿谀奉承的人，一定要用正直的人。而且在制度上都有规定，朝廷还有官员负责专门教导这些侍御仆从，怎么样做一个合格的服务人员、工作人员。也就是说，这些秘书、司机、警卫上任之前，首先要有官员给他们讲伦理道德的课，告诉他们怎么样做才是一个合格的侍御仆从。关键就是绝对不能阿谀奉承、谄媚巴结，明明知道领导错了，还顺着他的意思去做，要起到监督和纠正的作用。如果领导者的一言一行、一举一动有违正道，就要给他适时地提醒和劝谏。

我们为什么会对习主席一系列的治国理政思想深具信心呢？因为它符合经典，也就是符合历史兴衰成败的经验；它符合天道，这个道就是恒常不变的规律。“经者，常也。”它记载这些恒常不变的规律，而且，我们也相信邪不胜正。在《领导干部要读点历史》这个讲话中，习主席就强调说：“在中国的史籍书林之中，蕴涵着十分丰富的治国理政的历史经验。其中包含着许多涉及对国家、社会、民族及个人的成与败、兴与衰、安与危、正与邪、荣与辱、义与利、廉与贪等等方面的经验与教训。”所以，习主席的一系列治国理政思想，也都是学习历史、学习经典所得出来的。比如说，我们看《群书治要·崔寔政论》上谈到一个国家由盛转衰的时候，有这样一段话，“大凡天下得不到治理的原因，通常是领导者承继太平的日子已经很久了，社会风俗逐渐败坏也不觉悟，政治逐渐衰落也不更改，习惯于这种乱相，安于危机，而且还逸乐，看不到这些危机。有的沉溺于感官的享乐，欲望的满足，不理国家大事；有的耳朵里听不进劝谏和教诲的箴言，满足于虚伪，忽视真诚；有的在歧路徘徊，不知道何去何从；有的被信任的大臣，为了保住自己的俸禄，闭口不言；有的是被疏远的臣子，因为自己的身份低微，言语背弃不用。所以国家的法纪纲常松驰于上，有识之士郁抑于下，真是可悲啊！”这一段话，就给我们指出了一个国家之所以由盛转衰，就是因为官德、修养出现了严重的问题。

在《群书治要·汉书》上说：“自成康以来，几且千岁，欲为治者甚众，然而太平不复兴者，何也？以其舍法度而任私意，奢侈行而仁义废也。”说周成王和周康王那个时期，因为圣贤教育推行得很普遍，所以刑措不用；刑罚虽然很完备，但是都搁置不用。囹圄空虚，监狱没有犯人。那么从周成王到周康王直到汉代，几乎有一千年了，想使国家得到治理的人很多，但是太平盛世却不能够复兴。这是什么原因呢？古人用一句话指出了症结所在，就是因为把法度纲常给失掉了。这个法度纲常是什么？就是治国的常理常法，也就是我们所说的五伦五常、四维八德（仁义礼智信、孝悌忠信、礼义廉耻）。这些治国的常理常法不讲了，人自私自利的心就生起来了，奢侈浪费之风很流行，把仁义道德都给废弃了。这是历史的经验。在《贞观政要》上，唐太宗李世民总结历史兴亡规律时有这样一句话："为主贪，必丧其国；为臣贪，必亡其身。"当君主的很贪心，最后丧失了自己的国家；当臣子的、当大臣的很贪心，最后身败名裂。我们考察历史，得出结论"成由勤俭破由奢"。所以我们反对奢靡之风，制订"八项规定"，这都是从历史兴衰成败的经验中得出的治国理政方略。习主席在中国共产党第十八届中央纪律检查委员会第二次全体会议讲话中就这样强调说："要坚持勤俭办一切事业，坚决反对讲排场比阔气，坚持抵制享乐主义和奢靡之风。"并且强调，"'善禁者，先禁其身而后人。'各级领导干部要以身作则、率先垂范，说到的就要做到，承诺的就要兑现，中央政治局同志从我本人做起。"正是因为这样一种率先垂范的作风，才使我们反腐败工作不断取得新的进展。

我们刚才还谈到了个人的荣辱兴衰成败的关键在哪里？我们现在很多人对传统文化也很感兴趣，特别是一些领导干部。但是，很多人学习传统文化走上了迷信，喜欢找人给我们看一看风水，给我们调一调办公室的座位朝向。当然，我们不能说风水是没有道理的，但这些都是枝节，真正的风水在哪里呢？我们要熟读经典，才不会上当受骗。《群书治要》记载，鲁国的国君来向孔子请教，问他说："我听说向东扩展房屋是一件不吉祥的事，这件事到底可信还是不可信呢？"孔老夫子没有正面回答他，而说："我听说天下有五种不吉祥的事，但向东扩展房屋并不包括在其中。"哪五种不吉祥的事呢？"夫损人而自益，身之不祥。"就是我们说的损人利己。其实损害别人根本利益不到自己，帮助别人才会真正利益自己。你损害别人，别人会怀恨在心，一有机会就打击报复，你就给自己招至了杀身之祸。所以“损人而自益，身之不祥”。“弃老而取幼，家之不祥。”像我们现在很多人把老人放弃不管，不赡养、不照顾，甚至打爹骂娘，把所有的关爱放在了孩子的身上。结果怎么样啊？把小孩子惯成了小公主、小皇帝，这个家没有了后继的人才，就一定会破败。这是家庭的不吉祥。“释贤而用不肖，国之不祥。”把贤德的人疏远了，不去任用，任用的都是不贤德的人，这是国家的不吉祥。“老者不教，幼者不学，俗之不祥。”年老的人不愿意去教了，年幼的人没有虚心好学的心了，这是社会风气的不吉祥。“圣人伏匿，愚者擅权，天下不祥。”圣贤人都隐居起来了，愚者、不肖者占据领导岗位，专权跋扈，这是天下的不祥。中国古代的读书人其实都有报国的志向，是“达则兼济天下，穷则独善其身”。那为什么会隐居呢？因为政治很昏暗，官场很腐败，真正有德行、有才学的人不被认可，都被排挤了，他有才华也施展不出，那么圣人就隐居起来了。孔老夫子还特意强调说：“我听说天下有五种不吉祥的事，但是向东扩展房屋却并不包含在其中。”这个故事告诉我们：“福田靠心耕，一切福田不离方寸。”什么叫方寸呢？就是这颗心。所以古人有一句话说：“福人居福地，福地福人居。”这个地方即使风水很好，一个没有德行的人去住上一段时间，好的风水都被他破坏了。而那个好风水的地方，那个有福德的人，他自自然然会选择在这个地方定居。

所以，风水不是最重要的，最重要的是提升自己的道德修养，把自己变成一个有德行的人。这个也就是《大学》上所说的，“德者本也，财者末也”。一个人好的财富、名声、地位，那都是枝叶花果，根本在哪儿呢？根本在一个人内在的德行，所以古人说“厚德载物”。没有深厚的德行，给了你再高的位子、再多的财富，必然给你招来灾祸，因为你承载不动。《易经》上也讲：“积善之家，必有余庆；积不善之家，必有余殃。”“善不积，不足以成名；恶不积，不足以灭身。”《左传》上也说：“多行不义必自毙。”你拿了很多的钱去供斋、去布施，但是回来之后仍然是贪污受贿、违法乱纪，这不就是多行不义吗？必然会给自己招致灾祸。所以，我们学习传统文化，要从根本上学，要从经典之中学，不要被迷信的做法所蒙蔽。我们看到，现在有一些企业通过学习传统文化，把这个企业变成了和谐企业。在苏州有一个固锝电子有限公司，从2009年开始秉持“教学为先”的理念，把传统文化《弟子规》的教学引入到企业管理。结果现在这个企业不仅仅是一个和谐企业、幸福企业，还被认为是一种可以普遍推行的“中国式管理”企业。他们希望找20家这样志同道合的企业，用传统文化来管理，要向世人证明中国的管理确实可以达到“不忍欺”的境界。现在已经找到了6家企业，都做得非常好。还有北京汇通汇利技术开发有限公司，他们的董事长也是学了传统文化，带头落实《弟子规》等经典教诲，结果把自己的焦虑症治好了，企业内部的关系改好了，还经常接到感恩的信、感恩的锦旗等等。现在企业的效益越来越好，做董事长的也越来越轻松。

这些典范普遍出现在大江南北，让我们对传统文化生起了信心。确实出现了越来越多的典范，我们对传统文化的信心，也就越来越坚定了。在海南省监狱，把传统文化《弟子规》的教学引入了监狱服刑人员的教育之中，结果使二次犯罪的人大大减少，服刑人员的教育效果非常好。他们希望把这一个学习引向深入，不仅仅为中国，而且为世界的监狱教育提供借鉴、树立典范。

（根据作者2016年3月在中共中央党校讲座《弘扬中华文化乃当世所必须》整理）

第二讲
传统文化与心理调适

同志们好!

今天很高兴和大家一起学习领导心理调适。大家都知道，现在讲健康的人非常受欢迎。因为它告诉我们，一个人的健康，就像一排数字前面的1，他的金钱、地位、事业、美貌都是后边的0。意思是说,假设这个“1”不存在了，人的健康没有了，后边有再多的0，对他都没有意义了。那么这个说法有没有道理呢?当然很有道理。但是在现代社会，这个数字的前面，又多了一个正负号，这个正负号代表了什么呢?这个正负号代表了一个人健康的心态。如果一个人心态不好，心理失衡了，他有健康的身体，有再多的金钱，再高的地位，对他来说也意义不大。心理的健康，实际上比身体的健康更加重要，更加应该引起我们的重视。《大学》里说:“修身、齐家、治国、平天下。”这个修身，就是我们自身的身心和谐。这句话也告诉我们，怎样使国家安定，社会和谐。国家就像我们的身体，国家的安定，社会的和谐，是由构成这个国家的每一个最基本的单位，包括每一个家庭、每一个企业、每一个单位、每一个学校都能够和谐、团结互助所导致的。这就像身体的各个器官，它们密切合作，最后才有身体健康的结果。而器官的健康，是由构成器官的每一个细胞，都能够健康成长、彼此合作互助得来的。也像每一个家庭、企业、单位内部的和谐，也是由构成这个企业、家庭、单位的每一个人的身心和谐才得到的。

由此可见，人的身心和谐，也是社会和谐、国家安定的基础。人身心和谐，无论是对于我们个人的幸福，还是对于国家的安定、社会的和谐，都至关重要。

一、心理失衡的主观原因与调适原则

我们看看第一个问题，掌握选择的自由，心理失衡的主观原因与调适原则。如果我们向大家提出这样一个问题：你愿意选择快乐，还是愿意选择痛苦与烦恼呢？我想任何一个正常的人都会不假思索地回答：我愿意快乐。为什么人人都愿意选择快乐，但却又有很多人深深地陷在痛苦、烦恼、不安之中呢？我们的回答，似乎暗含了这样一层意思：我愿意快乐，但是，那些不如意的人和事不请自到，我也没有办法抵御呀。我们生活在一定的社会环境之中，确实要不时受到来自自然和社会的不良刺激。但是，是不是像大多数人所想象的，我们面对外来的干扰和刺激，无能为力，只能任其摆布呢？

我们看一看法兰克的故事，有助于我们正确地回答这一问题。法兰克是一个犹太裔的心理学家，在二战的时候，被关进了纳粹的死亡集中营。他的遭遇非常悲惨，他的父母、兄弟、还有妻子，全被关进了纳粹死亡集中营，而且都被折磨而死，他唯一剩下的亲人，只有自己的妹妹。他每一天在纳粹死亡营里，接受严刑拷打，朝不保夕。有一天，法兰克一个人独自在囚室里，突然之间有了一种顿悟的感受。什么感受呢？那就是在任何一种特定的环境下，人还有一种最后的自由，这种自由，就是选择自己的态度。从外界环境上看，他被关进了纳粹的死亡集中营，失去了人身自由，而且每天接受严刑拷打，朝不保夕。但是他发现自己的心理意识，也就是他怎么想，却是德国纳粹无法干涉的。于是他就凭着想象和记忆，不断地磨炼自己的意志，直到心灵自由，终于超脱了纳粹的禁锢。而他的这一种超越，也感召了其他的狱友，甚至狱卒。他协助狱友们在苦难中寻找到生命的价值，寻回生命的自尊。

法兰克的故事告诉我们什么道理呢？他告诉我们，人的反应和外部刺激的关系，并不是像其他动物那样，怎么刺激就怎么反应，而是一种刺激、意识和反应的关系。正是在意识这个中间环节，人可以充分发挥想象力。独立意识，良知的作用，对外界的不良刺激做出积极的回应，这就是积极的思维，这就是选择的自由。如小罗斯福总统夫人所说，除非你同意，任何人都不能伤害你。又如圣雄甘地所说，若非拱手让人，任何人都无法剥夺我们的自尊。所以，在生活中让人受害最深的，并不是那些不良的遭遇，而是我们允许这些不良的遭遇影响我们的思维、干扰我们的情绪。有人也说，虽然我们不能掌控风的方向，但是我们能够调整风帆。这是什么意思呢？在生活中，我们不知道会遇到自然界和社会中什么样的不良刺激、不良遭遇，这是我们无法预料的。但是我们能够做的是什么呢？在面对这些不良遭遇的时候，可以对外部的不良刺激，做出良好的积极的反应，调整自己的心态。

比如，我们在北京经常遇到交通堵塞的情况。有的人遇到堵车，就会不停地抱怨，怨天尤人，嘴里还骂着："真倒霉，我今天一出门就遇上了堵车。"那么这一种抱怨的情绪，能否改变交通拥堵的事实呢？不仅改变不了，反而会使自己的心情越来越焦急、越来越烦躁。中国有一个成语叫心想事成，意思是你怎么想，那么你所想的那件事就会出现在你的人生中。他越是抱怨交通拥堵，就发现这个交通真的越来越堵。另一个人恰恰相反，他想反正交通已经拥堵了，我已经忙碌了一天，我正好趁着这个堵车的机会，放松一下紧张的神经，播放一首舒缓的古典音乐，再跟乘客聊聊天，这样就调节了气氛，时间也过得很快。面对同样交通拥堵的不良刺激，因为他们选择了不同的态度，所以对他们情绪的影响也就不同。有一篇文章叫《握住自己快乐的钥匙》，写得非常好。其中有一段话是这样写的：

一个成熟的人，握住自己快乐的钥匙，他不期待别人使他快乐，反而能将快乐与幸福，带给别人。每一个人心中，都有一把快乐的钥匙。但我们却常在不知不觉中把它交给别人来掌管。为什么是不知不觉呢？因为习惯成自然，我们已经习惯于用这种方式来为人处事、待人接物了。比如，一位女士抱怨说："我活得很不快乐，因为先生常出差不在家。"她把快乐的钥匙放在了先生的手里。一位妈妈说："我的孩子不听话，叫我很生气。”她把快乐的钥匙交在了孩子的手中。婆婆说：“我的媳妇不孝顺，我可真命苦啊。”她把快乐的钥匙交在了媳妇的手中。还有一个人说：“我很难过，因为老板总找我茬。”他把快乐的钥匙交在了老板的手里。一位年轻人从文具店里走出来说：“那位老板服务态度恶劣，把我给气坏了。”他把快乐的钥匙交在了文具店老板的手里。这些人都做了一个相同的决定，就是让别人来控制他自己的心情。当我们允许别人掌控自己的情绪时，我们便觉得自己是受害者，对现况无能为力，抱怨与愤怒成为我们唯一的选择。我们开始怪罪他人，并且传达着这样一个信息——我这样痛苦，都是你造成的，你要为我的痛苦负责。一个成熟的人，能握住自己快乐的钥匙，他不期待别人使他快乐，反而能将快乐与幸福带给别人。他的情绪稳定，为自己负责，和这样的人在一起，是一种享受，而不是压力。如果我们和情绪不好的人、喜欢抱怨的人在一起，我们会觉得很有压力。为什么呢？因为不知道为什么他就发火了，让旁边的人都很紧张。那么诸位朋友，你们快乐的钥匙在哪里呢？是放在了别人的手上吗？那就赶快把它拿回来吧！

这篇文章提醒我们要握住自己快乐的钥匙，成为自己情绪的主人。我们经常说，都是某某让我很生气，其实这一句话，有待商榷。为什么呢？因为从逻辑上说，没有一个人能够走进你的内心，是不是啊？那么请问，那一个让你生气的人是谁呢？是我们自己，不是别人。这篇文章也提醒我们，人的身体通过锻炼可以变得更健康，人的心灵也可以通过修养变得更加平和。

修行，就是修正自己错误的言语、思想和行为，不是去要求别人、修正别人。有句话说，“理可以顿悟”，但是“事须渐修”。这个道理让我们马上明白了，没有人能走进我的内心。我生气、我抱怨是因为我没有掌控自己的情绪，我自己的修养不够。这个理你很快就明白了，但是我们还没有下课，你收到一个短信，接到一个电话，可能就会让你火冒三丈、怨天尤人。这说明什么呢？说明习气很难改。有人把这个习气比作酒瓶里的酒气，这个酒已经全都倒空了，酒瓶里一滴酒都没有了，但是你闻一闻，这个酒瓶子里还有酒气。这就是习气难改。怎么办呢？那就要靠时间，慢慢地把它给冲淡。所以一个真正握住自己快乐钥匙的人，那可不是一个简单的人，那是经过长期修养所达到的结果。他做到了古人所说的“宠辱不惊，闲看庭前花开花落；去留无意，漫随天外云卷云舒”。这样才能够活得快快乐乐，心情舒畅。

二、面对挫折时的心理调适

我们再看第二个问题：面对挫折时的心理调适。如果一个人在面对挫折、失败，或者人生走到低谷的时候，他都能够坦然面对，那么在平时就更不容易出现心理问题了。那么应该怎样面对挫折呢？

第一，要正视挫折，认清挫折的本质。

正确认识挫折，有几个重要的原则。第一个原则，每一个人都会面临挫折。说到挫折问题，人生不如意事十之八九，不是遇到大的坎坷，就是遇到小的麻烦。虽然我们如此不喜欢挫折，但是，并不是总能够避开它。既然每个人一生中都会面临挫折，那么当挫折袭来的时候，就不要对它无端地恐惧或者害怕，要坦然面对。第二个原则，挫折不会永存，每次挫折都会过去。在《易经》里，古圣先贤观察天地自然变化的规律，总结了这样一句话，“一阴一阳之谓道”。什么意思呢？我们看，有日就有月，有寒就有暑，有春夏就有秋冬，有潮涨就有潮落。从这些自然界的现象来观察，都是一盈一虚，一消一长。而我们把这个道理用来观察人事的变化，又何尝不是如此呢？比如人心的一忧一喜、人事的一乱一治等，都体现了“一阴一阳之谓道”的规律。中国人有句话说“富不过三代”。为什么富不过三代呢？第一代创业的人往往是白手起家，兢兢业业，艰苦奋斗，用自己的双手创立了事业。到了第二代条件好了，但是还能够耳闻目睹父辈创业的艰难，知道克勤克俭，使事业发展壮大。但是到了第三代，一出生就过上了衣来伸手、饭来张口的生活，没有体会到祖辈父辈创业的艰难，不知道克勤克俭、励精图治，甚至学会了骄奢淫逸、铺张浪费，久而久之，就把祖辈父辈辛辛苦苦所打下的基业给败坏光了。这一种变化的人世，有智慧的人，自能留心观察得出来。所以，古人用太极图表示“一阴一阳之谓道”的规律。这个太极图半边是阴的，半边是阳的，中间还有一个界限，如果过了这个界限，就意味着阴阳失去了均衡，阴阳失去了均衡会怎么样呢？那就会引起变化，这就叫“阴极则阳生，阳极则阴生”，也就是物极必反，盛极必衰，消极必长。

对于这个规律，体会最深刻的人，就是曾国藩。我们知道，曾国藩是清政府汉人中地位最高、权位最重的一个人。但是他在朝二十多年，从来没有在省里为自己建造过一所房屋，买过一分田地。他曾经对军中的僚属宣誓说："不取军中一钱寄回家中。"而且是说到做到，数十年如一日。那么他在家书中就这样写道："家败离不开一个'奢'字，人败离不开一个'逸'字，讨人厌离不开一个'骄'字。"一个家族、家庭、企业、单位、国家、政党的破败，都是因为这里的每一个人过上了过分奢侈、过分浪费的生活，以至于入不敷出。一个人以前都在走上坡路呢，突然转折开始走下坡路了，这个转折点何在呢？什么时候他认为自己的奋斗已经差不多了，该享受一下人生了，过上了过分安逸、不思进取、玩物丧志的生活，什么时候他人生的转折点就出现了。

一个人讨人厌，不讨人喜欢，都是他过分骄傲，自以为是，不把别人放在眼里造成的。我们看《论语》上有一句话说："四海之内皆兄弟也。"但是我们现在走到哪里，都体会不到"四海之内皆兄弟"的境界。现在的孩子也没有了"四海之内皆兄弟"的感受，和人相处一个星期、一个月，就出现了问题，出现了矛盾，出现了纷争。原因何在呢？原因是许多孩子在家的时候，都是以自我为中心，所有的家人都要为他服务，看他的眼色，满足他的需要。当诸多小公主、小皇帝走到一起的时候，要不出现矛盾、问题、纷争，那才怪呢。

在《易经》里一共有六十四卦，每一卦都有六爻，卦辞与六爻的爻辞有凶有吉。古人就是看卦爻辞的吉凶，来观察一个人的吉凶祸福，判断一个人的发展趋势。在所有的六十四卦之中，只有一卦是六爻皆吉的，那就是谦卦。谦卦的卦象是艮下坤上，即山在地下。高山都是在平地之上的，但是在谦卦之中呢，高山是宁愿居于平地之下的。

我们想一想，一个人才华横溢，又有权有势，就像曾国藩这样，连皇帝都可能会对他有戒心。那同事呢？也可能会对他有嫉妒之心。那他该怎么做呢？曾国藩为人处事、待人接物，非常小心谨慎，而且他做到了“推功于上，让利于下”。把这个事情做好了，很成功，功劳推给皇帝；利益不能自己去独贪、独占，要分给属下。那么这样，无论是上是下，都希望他有成就。

所以中国人有一句话说：“谦卦六爻皆吉，恕字终身可行。”宽恕的这个“恕”字，是终身可以奉行的。

在《尚书》中也有这样一句话：“满招损，谦受益，时乃天道。”骄慢给自己招来损失，谦虚让自己受益，这是一个自然的规律。为什么呢？因为“爱人者，人恒爱之；敬人者，人恒敬之”。你能够谦虚、礼敬对待别人，别人回报你的也是恭敬仁爱之心。所以，“多一个朋友多条路，多一个敌人多堵墙”。靠什么去赢得朋友呢？靠自己的真诚恭敬。

《尚书·汤诰》上还说“天道福善祸淫”。天道自然的规律，都是给善良的人带来福分，过分的人自招灾祸。这个“淫”，在古代是过分、放纵的意思。也就是任何事做到了顶端，太过分了，都会物极必反，给自己招致灾害。那么这“一阴一阳之谓道”的规律提醒我们，在事事如意的时候，不要得意忘形、自以为是、过分骄慢。当我们遇到挫折，甚至遇到失败打击，人生处于低谷的时候，也不要因此丧失了信心，丧失了勇气，因为“冬天已经到了，春天还会远吗？”

第三个原则，每次挫折，都有转折点。这就看你是不是运用了积极的思维面对生命中的挫折。当你换一个角度来看待生命中的挫折时，往往会改变你对人事物的看法。有一位大德，在《生活在感恩的世界里》一文中这样写到："感激伤害你的人，因为他磨炼了你的心智。"很多人会说，怎么会感激伤害你的人呢？对伤害过自己的人，恨不得他有灾祸发生我才高兴。但是这位大德却教导我们，要感激伤害你的人，为什么呢？如果没有人曾经伤害过我们，我们就像温室里的花，经不起任何的风吹雨打。正是有人伤害了我们，我们又恢复正常的时候，我们的心智就得到了磨炼。"感激欺骗你的人，因为他增长了你的见识。"正是因为有人欺骗了我们，使我们知道，天下有好人，还有骗术高超的人，他增长了我们的见识。重要的是，不要因为别人欺骗了我们，我们转而也去欺骗别人。"己所不欲，勿施于人。"也不能因为别人欺骗了我们，我们就丧失了对别人的信任。还有一句话也说得很好，说别人做得对不对，并不是最重要的，最重要的是自己一定要做对。"感激遗弃你的人，因为他教你学会了自立。"正是因为有人把我们遗弃了，我们从小便学会了自尊、自爱、自强、自立，要靠自己的双手去打拼天下。所以有很多成功人士，在回首他们童年的时候，都有一段鲜为人知的磨砺。他们对这一段的经历给予了很高的评价。相反，我们看到很多生活在优裕环境中的孩子，过着衣来伸手、饭来张口的生活，没有体会到生活的不容易，结果怎么样呢？游手好闲、吃喝玩乐、骄奢淫逸，最后成为纨绔子弟，成为啃老族、败家子。所以，究竟哪一个环境好，那很难说，就看我们如何运用这个环境，来成就自己和孩子的人生。"感激绊倒你的人，因为他强化了你的能力。"正是因为有人把我们绊倒了，当我们重新站立起来的时候，我们的能力就得到了强化，得到了提升。"感激斥责你的人，因为他助长了你的定慧。"很多人说，你看我修养很好，我对谁都是满面笑容。其实是什么原因呢?可能是因为我们身边都是恭维我们、赞叹我们、甚至谄媚巴结我们的人。所以,我们觉得修养很好,心态很好,笑容满面。假如有一个不认识你的人,也不知道你是领导,走到你的面前指着鼻子骂你,对你无理取闹的时候,你还能对他有微笑,有耐心,这才体现了一个人真正的修养。所以,要感激所有让你坚定成就的人。

法国大文豪巴尔扎克也这样说:“世界上的事情永远不是绝对的,结果完全因人而异。苦难对于天才是一块垫脚石,对于能干的人是一笔财富。但是对于弱者,却是万丈深渊。”这是第一个方面,就是要正确认识挫折。

第二,要检讨挫折,汲取教训。

成功学家威廉·A·沃德曾经说过这样一句话:“失败应当成为我们的老师,而不是掘墓人;失败是暂时耽误,而不是一败涂地;失败是暂时走了弯路,而不是走进了死胡同。”当我们能够以这样的心态面对生活中的挫折时,我们就可以轻装上阵,而且把挫折变成学习的机会,从挫折中汲取教训,总结经验获得下一次的成功。当然从挫折中汲取教训,最重要的是要有坦诚的个性,要认真地反省一下,究竟是自己人格上的哪些缺陷,导致了我今天的挫折和失败。

第三,要看清自己的弱点。

我们看现在的很多领导干部,本来可以一帆风顺、平步青云,受到人们的爱戴和尊敬,却半途而废,锒铛入狱。什么原因呢?其实都是在修身上出了问题,都是有一个字没有放下。这个字是什么呢?这个字就是“贪”。不是贪财就是贪色，不是贪名就是贪利，总有一个没有放下。如果我们很贪财的话，我们就要想到在《大学》上有一句教诲，曾国藩也就是学了这些教诲，能够做到“不取军中一钱寄回家中”。哪一句教诲呢？那就是“货悖而入者，亦悖而出。”如果财货是以不正当的手段得来的，那一定会以不好的方式败散掉。这句经典上的话是不容怀疑的。因为“经者，常也”，经典所记载的是恒常不变的道理。当然古人看了这句话呢，可能也知道后人会对它产生怀疑，于是古人很用心，把不好的、败散钱财的方式给我们总结了一下，归纳为五个方面。财并不是赚到你手、贪到你手，就是你的了，它实际上为“五家所共有”。哪五家呢？首先就是官府。比如说我们这个钱是贪污受贿，违法乱纪，坑蒙拐骗得来的，结果东窗事发，自己锒铛入狱，所有的不义之财被没收、充公，虽然你赚到手，贪到手了，但是还没等你享受呢，又如昙花一现给收了回去。这不是竹篮打水一场空吗？还让自己身败名裂，得不偿失。第二和第三，就是水灾和火灾。水灾和火灾也会把那些不义之财给冲走、夺走，给焚烧掉。第四是盗贼。中国古人有一句话说“盗亦有道”。盗贼也有“道义”，他的道义之一，就是劫富。他看你的钱财来路不明，都是不义之财，又没有拿着这个钱财去做慈善，救济穷苦，反而自己过着花天酒地的生活，一掷千金。那么这个盗贼看了也会愤愤不平，专门偷盗、敲诈勒索为富不仁的人。最后一个防不胜防的是什么呢？就是不肖子孙。不贤德的败家子，也会把你的不义之财败散掉。

民国期间，曾国藩的外孙聂云台先生出任上海总商会的会长。因为他是曾国藩的外孙，又是商会的会长，所以他和清朝末年的那些权贵的后代子孙交往很多。耳闻目睹了这些后代子孙败落的情形后，他非常感慨，就把这些故事案例全都记录下来，写了一本书叫《保富法》。这本书特别值得领导干部好好读一读。这本书提醒我们，赚钱容易，发财致富也不难，但是要保持富贵达到三代以上，那可就难上加难了。他用历史和身边的案例给我们证明了"货悖而入者，亦悖而出"的规律。

那么现在，有人为那些腐败分子做了一个核算，确实很不划算。为什么不划算呢？第一是政治账，自毁前程；第二是经济账，倾家荡产；第三是名誉账，身败名裂；第四是家庭账，妻离子散；第五是亲情账，众叛亲离；第六是自由账，身陷囹圄，失去自由；第七是健康账，身心憔悴，特别是贪污腐败分子，因为做了错事，虽然还未东窗事发，但他心里总是战战兢兢，压力很大，健康已经受到严重影响了；第八是历史账，怎么样呢？遗臭n年，在若干年之后，人们说到这个腐败分子仍然都恨的咬牙切齿，甚至他的后代子孙都因此抬不起头来。所以你看，人生要懂得核算，不要去做那些得不偿失的事。

古人提醒我们，"立名于一世，失之仅顷刻"。我们很多领导干部从小学到初中，到高中，到大学，到研究生，到工作岗位，这一路走来，付出了很多艰辛的努力，过五官斩六将，走到今天的位置，何尝容易啊？终于有一个好的位置，可以让父母安心，让家人为我们骄傲，可以在这个位置上，为人民服务，为国家贡献了。但是在诱惑面前，如果把持不住自己，做了错误的选择，那么之前所有的努力都会前功尽弃。那是顷刻之间的事。所以古人提醒我们，面对财色名利的诱惑应该是什么样的态度呢？应该是"战战兢兢，如临深渊，如履薄冰，"如"十目所视，十手所指”这样才不至于利令智昏，欲令智迷。

我们前面讲的是贪财。现在一些领导干部不贪财了，把财看淡了，觉得我即使是富有四海，家资万贯，也不过是日食三餐、睡眠六尺而已。结果怎么样呢？结果不贪财，就开始贪色。中国古人说，“色”字头上一把刀。这一把刀也会把你所有的功名利禄削得平平的，让你一无所有。所以古代的读书人，做官的人，对这个字非常地小心谨慎，不敢越雷池半步。在《文昌帝君训饬士子戒淫文》上也说：“天道祸淫，其报甚速。”天道就是自然而然的规律，给淫乱的人、放纵的人、过分的人带来灾祸，是最迅速的了。现在很多落马高官，90%以上背后都有女色的原因，确实也印证了经典上的话。除了贪财贪色，还有人喜欢出名，特别是知识分子。为什么呢？因为名和利也是联系在一起的，有名了，利也就随之而来了。在《了凡四训》上有这样一句话，“世之享盛名，而实不副者，多有奇祸”。在世间享有很盛大的名声，但是名不副实，德不配位，这样的人多有意想不到突如其来的灾祸。你看前一段时间，很多名人都出事儿了。为什么呢？因为他们编造了一些假的经历，为自己贴金贴银、树碑立传，结果被发现了，最后是身败名裂。所以你看，妇孺皆知、家喻户晓的人，享有很盛大名声的人，他的名声必须和他的德行相匹配，才没有灾祸，如果名不副实，那就会有意想不到的灾祸。

我们再看，现在的很多歌星、影星是妇孺皆知、家喻户晓。但是我们去问问年轻人，今年我们评了感动中国的十大人物，他们都有什么事迹？他们都叫什么名字？多半是一问三不知。然后你再去问他，那个《××传》的女主角是谁，她的成名作是什么，甚至她的星座是什么，他都记得一清二楚。当然这也不能全怪年轻人。问题在哪呢？是我们的社会教育出现了一些问题，我们的媒体引导也出了一些偏差。因为我们现在的电视、网络、广播、杂志、报刊，渗透到生活的方方面面。我们把一个电视搬到家里，就等于请了一个老师，天天在教家人，电视在播什么，我们的孩子就受到怎样的教育。那个感动中国十大人物颁奖晚会，可能只播一次两次，但是每天充斥在荧幕上的， 都是爱来爱去的流行歌曲、打打杀杀的电影、勾心斗角的电视剧。这些都是娱乐至上的，没有起到任何引导、教育人向善的作用。

所以，习近平总书记去《人民日报》社、新华社、中央电视台调研时一再强调，希望这些大众媒体能够传播正能量，能够引领好的舆论导向。我们也希望这些歌星、影星，这些媒体工作者，能够承担起弘扬正能量的社会责任，把那些“孝悌忠信、礼义廉耻、仁爱和平”的故事，多多地来播放，让人们在娱乐中受到教育，起到寓教于乐的作用。中国古人讲这个俗文化，并不是内容低俗、低级趣味，而是以人们喜闻乐见的方式，比如说快板、相声、小说、评书，还有戏剧等等，用我们现在的话说就是通过电影、电视剧来传播正能量，培养起一个人正确的价值观、人生观和道德观。

最后是贪利。这个利，凡是有利于我们的条件和环境，很多人都会去贪。古人告诉我们要“见利思义”、“见得思义”，见到利益现前，我们首先考虑它是否符合道义。如果这是不符合道义的，人家送给你，你也不能够要。所以对财色名利有一点过分贪恋，都会让自己步入危险的境地。

习近平总书记在一次讲话中强调领导干部要读一点历史。为什么要读一点历史呢？我们学习历史，就是要学习和汲取中华民族传承下来的宝贵思想财富，从中获得精神鼓舞，升华思想境界，陶冶道德情操，完善优良品格，培养浩然正气，做到自重、自醒、自警、自立。历史上有很多故事，对我们现在的领导干部，仍然是非常有启发的。比如在春秋战国的时候，鲁国的宰相公仪休，他这个人廉洁奉公，而且不与民争利，对属下要求也很严格。但他有一个嗜好，就是特别喜欢吃鱼。很多人投其所好，送他一些上好的鱼，但是他看了看，就派人送了回去。这个送鱼的人感到奇怪，说我知道您爱吃鱼，所以特意选了一些上好的鱼送给您，为什么您不接受，又给送回来了呢？公仪休是怎么回答的呢？他的回答非常有味道。他说："正是因为我爱吃鱼，所以我今天才不能接受您的鱼。为什么呢？我爱吃鱼，我是宰相，我也买得起，我自己去买不就好了吗？如果我今天接受了你的鱼，养成了爱贪爱占的毛病，结果越贪越多，有一天因为贪污受贿被关进了监狱，请问，那时我还能吃得到鱼吗？还有人再送给我鱼吗？正是因为我爱吃鱼，所以我今天才不能接受您的鱼啊。"《群书治要》中像这样的历史故事非常多，发人深省。让我们从这些历史故事之中受到警示，做出正确的抉择。

三、处理压力时的心理调适

第三个问题，我们讲一讲处理压力时的心理调适。现在很多人感到压力很大、很重，特别是身处领导岗位的干部，在现在的状况之下，更有很多的事情，让他们感到压力重重。而在压力之下，平时可以处理好的事情，也都处理不好了。中国有一个成语是“天下本无事，庸人自扰之”，其实很多人遇到的都是无谓的烦恼、无谓的压力。我们看一组关于压力的调查数字：人们所担忧的事情，有40%永远不会发生；30%的忧虑涉及到过去的事，过去的事是没有办法改变的了；12%的忧虑，来自于自卑感对自己做出的批评，10%的忧虑是与健康有关，而这些问题是越担心，问题就越严重，因为忧能使人老。最后，只有8%的忧虑，可以列为合理的范围。也就是说，在人们所担忧的十个问题之中，真正值得人们考虑的，还不到一个。当然，仍然有很多人会感到压力重重，那我们就需要学习一些正确的方法，去减轻压力。

第一，要学会调整看问题的视角。所谓视角，就是把现在或者即将出现的问题，放在一个更大的参照系中来观察。为了说明视角的重要性，我们可以举一个例子。一个女大学生，刚上大学一学期，就给她的母亲写了一封信。在信的开头她这样写到，她说我刚到学校不久，就在同学那里偷了三千块钱，我用这三千块钱租了一辆摩托车。但是恶有恶报，我刚开车出门不久，居然撞到一棵大树上，我的左腿被撞断了，我也被送进了医院。在医院里我遇到了一个医科大学的男学生，他给了我无微不至的照顾，于是我就答应了他的请求，和他同居在一起了。但是没过多久，医生告诉我，说我怀孕了，而我的男朋友又狠心地离开了我，不知去向了。现在我无依无靠，想回到家里和父母住在一起，并且生下这个孩子。她的父母看到这里，就非常担忧。为什么呢？因为他们家在民风淳朴的农村，还从来没有过未婚先孕的情况。如果她的女儿回来了，还没有结婚就有了孩子，那会被邻里乡亲笑话，说她伤风败俗。所以读到这儿的时候父母就很担忧。但是当他们再往下读的时候发现，女儿的笔锋一转，这样写到：其实我上面所描述的种种状况，都未曾发生。那我为什么要写这些呢？我写这些的目的，不过是想告诉你们一件事，希望你们正确看待这件事。什么事呢？那就是我上学期的物理、化学考试都没及格。

你们看，如果这个女大学生一开始就告诉她父母，上学期她的物理、化学考试都不及格，她父母会怎么反应？学生的天职就是学习，结果你一学期下来，两科都不及格，你这个学生是怎么当的呀？可能会没完没了地训斥她，她这个假期可能也过不好了。为了避免这样的场景，她就描述了各种各样悲惨的事情，后来又轻描淡写地说，其实这些事情都未曾发生，我只不过是物理和化学考试没有及格而已。那么这个时候，她父母的态度、心情是什么样的呢？肯定是深深地舒了一口气，幸好这些事情都未曾发生，那物理、化学考试不及格，就是微不足道的一件小事儿了。

还有一个故事，讲的是一个想投河的少妇。这个少妇刚结婚两年多，她的丈夫就跟别人私奔了。她刚满周岁的儿子，活泼可爱，却得了病离开了人世。她看着自己所爱的人，一个个离自己而去，就觉得人生没有什么意义了。她实在想不开，就去投河自杀，幸好被河中央的一位老艄公给救了起来。这个老艄公看了看她说，我看你家境不错，为什么这么想不开，非要走上绝路呢？这个少妇说："哎！老人家您不知道，我的人生有多么的悲惨。你看我刚刚结婚两年多，丈夫就跟别人走了，我那唯一活泼可爱的孩子也得了重病，离我而去。你说这样的人生还怎么过呀？”听了她的话，老艄公低头沉默了一会儿，然后就问：“两年前，你的生活是什么样子的呢？”这个少妇人说：“两年前，我还没有结婚，没有丈夫，没有儿子，我活得自由自在，无忧无虑，无牵无挂。”这老艄公说：“那这不过是命运之船又把你送回到两年前去了，你现在又没了丈夫，没了儿子，你不是仍然可以过得自由自在，无忧无虑，无牵无挂吗？请上岸去吧。”这个妇人经过老人家提醒，觉得说的有理呀。两年之前没结婚时，我也是没有丈夫，没有儿子呀，我不是活得挺好的吗？现在我依然可以快乐地活下去呀。于是她上了岸，再也没有自杀的想法了。她换了一个角度看问题，就感受到了自由自在、无忧无虑、无牵无挂。

有一位哲人这样说过，我们的痛苦，并不是问题本身带来的，而是我们对这些问题的看法而产生的。换句话说，谁让我们痛苦啊？是我们自己的想法、看法、态度、思维方式在让我们痛苦。中国古人有句话说：“境缘无好丑，好丑在于心。”这句话特别的有味道，它的意思是物质环境和人际关系，本身没有绝对的好与坏之分。好与坏之分在哪儿？在于你的心、你的态度、你处理事情的方式。如果我们真正采取了积极的思维方式，那我们就会活在“日日是好日，时时是好时，人人是好人，事事是好事”的境界当中。所以，任何一件事情来到你面前的时候，你都不要把它看成是一件坏事。事情的好坏，它的发展趋势，决定于我们处理它的方式，决定于我们的心态。这是第一个方法。

第二个方法，把注意力转向自身之外的人和事。一个人，总是想到自己，为了获得自己的利益而去工作，或者是去竞争，去努力，久而久之，你就会有压力。为什么呢？因为你无论如何努力，你并非总是能够得到使自己满意的效果。经常关注自己的利益，还会产生一些不良的情绪，比如说焦躁、恐惧、忧郁、患得患失等等。为了避免这样的压力，我们应该把注意力从自己的身上移开，转而去关心、帮助别人。对于这个方法，我自己就感觉到非常有效。

记得1997年我硕士毕业，分到了中央党校工作。那时候我才20多岁，但是要面对的学员却是来自全国各地的高素质、高水平的领导干部。而我要给他们讲课，还要讲出效果，这对于一个从来没有上过讲台的我来说，肯定就有压力。结果还没有上讲台之前，自己就已经惴惴不安，吃不好饭，睡不好觉了。幸运的是，我当时讲的第一堂课就是领导心理调适。受到了这种方法的启示。当我把注意力从自己身上移开，不去考虑自己的讲课效果，也不考虑自己的面子，这个时候，压力就减轻了。我应该想什么呢？应该想我这一堂课能够给学员带来什么，对他们以后的工作和生活带来怎样的启发，甚至是转变。当我这样想的时候，我备课非常充分，而且注意力不在自己的身上了，压力也自然减少了。所以我们往往是通过帮助别人，而解脱了自己的压力，并且获得了个人的成长。

有一些全球著名的推销员、顶尖的企业家，很多人对他们很感兴趣，就去访问他们，问他们事业成功的秘笈是什么？是什么让你成为世界顶尖的推销员和企业家？结果这些人无一例外地回答了两个字——利他。如果我们总是想着怎么把别人口袋里的钱挪到自己的口袋里，别人一定会把口袋捂得紧紧的，非但不给你，还对你抱有戒心。如果我们想着自己的服务、自己的产品，能够帮助人家解决什么困难，满足人家生活的需要，给人家的生活和工作带来便利，那谁不喜欢你的服务呢？谁不喜欢你提供的产品呢？所以，使他们成为世界最成功的推销员和企业家的秘笈正是“利他”思想，而不是“自利”思想。

那我们看现在的人压力很大，都过着一种“忙、盲、茫”的人生。这三个字很有味道。第一个“忙”是忙碌的忙，它是一个竖心旁加一个亡。这个字就告诉我们什么叫忙。就是我们的心灵都不觉悟了，心灵都不敏锐了，以至于看不到周围人真正的需要了。因此演变成了第二个“盲”，眼盲的盲，看不见了。因此虽然事业很成功，甚至赚了很多钱，结果怎么样呢？换得的是家人的埋怨和不理解，最后自己就“茫”了，茫然了。说我这么样的忙碌，不就是为了这个家吗？为什么他们都不理解我呢？最后反而成了孤家寡人。原因就在于，我们的付出、我们的忙碌都是自私自利，为了自己的名利在奔忙，而忽视了家人真正的需要和感受。所以虽然赚了很多钱，还是没有得到家人的理解。

中国古人把“钱”字写得也特别有味道。“钱”左边是一个金，右边是戈戈。金戈戈，什么意思呢？如果你对金钱盲目地追求，不择手段地追求，没有智慧，可能就为了金钱不惜拿着两把刀，两把枪去互相残杀，这就是没有智慧的选择。

为了避免这种“忙、盲、茫”的人生，需要我们把心沉静下来，观察一下周围人的需要。这样的话，我们才能避免人生越走越空虚，压力才能够避免。

第三个方法就是要学会随缘而不攀缘。中国人特别讲究缘，“有缘千里来相会”。我们今天能够在一起学习，那也是因为有缘。这个“缘”翻译成现代汉语，什么意思呢？那就是条件。告诉我们要随着条件的成熟，使这件事自然而然地促成，而不是在各种条件都不具备的时候，我们非得要达到什么目标。当很多条件都不具备，你非得要达到什么目标的时候，你就会有压力。我们观察自然界的万物生长，都有一个春生、夏长、秋收、冬藏的过程。如果我们的事业还处在春生的阶段，就像很多年轻人刚刚毕业，他的事业还在春生这个阶段，打基础阶段，但是他很着急，希望一夜暴富，一夜就飞黄腾达，就采取了揠苗助长的不正当手段，结果是欲速则不达，不仅没有能够使事业不断地发展壮大，反而把自己搞到监狱里去了。这都是违背自然规律所导致的。

中国古人讲，凡事都要遵道而行。遵“道”就是按自然规律去行事。我们的事业还在春生的阶段，你就不要指望它立刻有收获。“欲速则不达，见小利则大事不成。”农民在耕耘的时候，他是只问耕耘，不问收获。他一心只在耕耘，正常的年头到秋天的时候，有没有收获呢？自然是有收获的。“但行好事，莫问前程。”我们都是在助人为乐，成人之美，广结善缘，都是在帮助别人，成就别人。虽然我们没有问前途如何，但是当我们自己有困难的时候，自然也会有很多人来帮助我们。为什么呢？因为我们以前广结善缘，总是助人为乐，成就别人，帮助别人。那我们有问题的时候，别人也会帮助我们。这是一个自然的因果法则。

第四，就是要学会知足常乐。有些人认为知足常乐是一种消极的人生观，不可取。实际上恰恰相反，知足常乐里面蕴藏着真正的人生智慧。为什么呢？因为一个人不知足，他永远都快乐不起来。比如一个人，他赚了十万块钱，一看别人有一百万，他不知足、不满足。又辛辛苦苦去忙碌，赚了一百万。一看还有一千万的人，他又不满足、不知足，又辛辛苦苦地去赚，赚到了一千万。一看还有上亿的人，他又不满足、不知足，再去辛辛苦苦地去赚钱。再一看呢，还有世界首富呢。所以，一个人不知足的话，即使拥有了再多的金钱，都不能使他过上如意的生活。

“人生解知足，烦恼一时除。”如果理解了“知足”这两个字，人生所有的烦恼，就一下子都没有了，都解除了。古人说：“别人骑马我骑驴，仔细思量我不如；等我回头看，还有挑脚汉。”别人开着宝马、奔驰，我开着一个桑塔纳来上班，仔细想一想，我不如这个开宝马奔驰的人。结果再回头一看，这刘老师上课连自行车都没有，她不是活得挺开心吗？也没有什么烦恼。这告诉我们什么呢？告诉我们人生幸福与否，和物质财富没有必然的联系。

我们读《论语》就能够明白，孔老夫子的弟子颜回，“一箪食，一瓢饮，在陋巷，人不堪其忧，回也不改其乐”。为什么颜回能够做到不改其乐呢？原因是他活在了道中，他活在了法喜之中。“君子忧道不忧贫”，他的内心充满法喜，对于物质生活没有太多的要求。读《论语》，给我们很多的启示。“孔颜之乐”一般人体会不到。就像站在二楼的人去批评站在二十层楼的人，他们体会不到圣贤人的境界，还希望把圣贤都拉回到二楼，说你们所看到的就是我看到的境界。

这告诉我们，人生要知足。我们每天站在自己的阳台上看着过过往往的人群，确实这里面有很多人活得比我们好，位子比我们高，比我们有才，过得比我们富足。但是又有多少人三餐不继，甚至还在手术室里等待手术呢？和这些人相比，我们是非常幸运的人。所以我们有的时候有压力，是因为我们不知道换一个角度看问题，当我们站在别人的位置反观自己的时候，就会发现自己的位置是很多人所向往的，自己的处境，也是很多人所羡慕的。

中国人有一句话“屋宽不如心宽。”我们的屋子越来越大了，但是我们想一想，是不是我们的心态也跟着越来越好了呢？如果一个人能够知足，即使住在平房里，过着无忧无虑的生活，那也比那些住在大别墅之中，每一天烦恼重重、压力不断的人要活得幸福。这是我们讲的处理压力的心理调适。

四、幸福之道的三个原则

第四个问题，我们讲幸福之道的三个原则。

现在我们国家的经济发展了，物质生活更加丰富了，但是人们的幸福指数却越来越低了。我们讲幸福之道的三原则，首先看，什么是幸福？为了说明什么是幸福，先看一看逆境中的幸福之人。比如说美国的海伦·凯勒女士，她一岁半时因病成为一个又盲又聋又哑的人，是不是很悲惨？但是她并没有像我们想象的那样，过着悲惨的生活。相反，她周游了世界，她每一次周游世界的时候，都要演讲。她的演讲，不是她的口在说话，是她的唇动和手指在说，她的助手给她做翻译。她说，虽然我的眼睛看不见，我的耳朵听不见，口也不能讲话，但是我认为，我是世界上最幸福的人，因为我周游了世界，为世界上很多的盲聋哑人去演讲，让他们重拾生命的价值，恢复生命的尊严。这就是我们所看到的逆境中的幸福之人。

相反，我们也看到了一些处于优裕环境之下的不幸之人。比如说很多亿万富翁、百万富翁，家里很有钱。因为自己很有钱，就过上了骄奢淫逸的生活，不再满足于只娶一个太太，可能是三房四妾，外面还有情人、小蜜。所以他感受不到夫妻之间的恩义、情义和道义。小三、小四们又不能够和睦相处，经常争风吃醋，不知道会给他惹出什么麻烦。因为自己很有钱，他还不满足于既得的财富，每一天还飞来飞去，要赚更多的钱，还要想到把这个钱投资到哪里才能增值，所以就没有时间去关心孩子的教育。等孩子到了十七八岁，突然走上了邪路，甚至锒铛入狱了。请问，我们花多少钱能够买回一个孩子的前程呢？还有一些人虽然很有钱，但是没有修养，脾气不好，经常因为芝麻大的小事儿火冒三丈，大打出手，这都是优裕环境之下的不幸之人。

那什么是真正的幸福呢？说简单一点，就是充满喜悦的生活。说复杂一点，就是家庭圆满，在家里的每一个人，都是充满喜悦地过日子。中国古人讲“修身、齐家、治国、平天下”，如果家庭生活都处理不好，你更没有时间精力为人民服务、为国家付出了。所以，齐家是治国的前提，你把家齐好，才能够治国。为什么呢？因为齐家和治国的道理都是相通的，所需要的基本素质是一样的，都是以良好的修身作为前提。你身修好了，你家才能够齐，身修好了，你去当官，你去治国平天下，你才能够治理得好。所以，为了获得这样的幸福，我们就可以提出获得幸福的三个原则。

第一个原则，一天之中，不生气恼。我们刚才说了，幸福是充满喜悦的生活，一旦你生气了，这个喜悦的情绪就不存在了，你的幸福感就没有了。所以，为了获得幸福首先要制怒。中国的文字确实是智慧的符号，除了表音、表意，每个字还有各自深刻的含义。我们看“怒”字，上面是个奴隶的奴，下面是一个心，这个字告诉我们当一个人发怒的时候，就是把自己的心变成了奴隶，你已经不能够掌控自己的情绪了，所以才会发怒。《黄帝内经》上说，“怒伤肝，喜伤心，思伤脾，恐伤肾”。一个人经常发怒、脾气不好，会有两个比较明显的特征：第一，怒伤肝，这个人的肝上就出各种各样的问题了。第二，中国人说“怒发冲冠”，一个人在发火、生气的时候，血气会往头顶涌，头顶会经常发热。那我们看，在非常燥热的地方，植物都不是很爱长。所以一个人经常发怒，血气经常往头顶涌，一个直接的后果是什么呢？那就是头发不太爱长。当然中国又有一句话说，聪明绝顶。为什么聪明的人头发不爱长呢？我观察了一下，也有道理。因为这个聪明人，看别人做事都是笨手笨脚的，说这么简单的事你都做不好，他就容易着急、容易上火，结果怎么样呢？结果确实是拿别人的错误惩罚了自己，让自己的头发都不太爱长了。可见怒对人的身体确有很大的损伤。

民国时期，有一位王凤仪老善人，专门研究人的情绪、情感和健康之间的关系。他说：“恨、怨、恼、怒、烦，人生五毒丸，吃了半丸就生病，吃了一丸要你的命。”他也提醒我们，人身体不好，特别是五脏六腑有这样或者那样的问题，都是和恨、怨、恼、怒、烦这五种不良的情绪有关。所以怎么样呢？我们要转怒为恕。这个“恕”字，上面是一个如，下面是一个心。这个字告诉我们什么叫恕？就是要做到如其心。如谁的心呢？如对方的存心，能够换位思考，将心比心，你就能够做到转怒为恕了。孔老夫子的弟子子贡来请教他，说有没有一个字是可以终身奉行的呀？孔老夫子说有，这个字就是“恕”，那就是“己所不欲，勿施于人”。当别人犯错误的时候，我们就要扪心自问，自己是不是圣人？是不是完人？自己是不是一个错误都不犯了？仔细一想，自己还不是圣人，自己还有这样或那样的问题，怎么能够要求别人一个错误都不犯呢？当别人犯错误的时候，我们就应该想一想，当我自己犯错误的时候，希望别人怎么对我呢？我们是不是希望别人能体谅我们的苦衷，考虑我们的处境，给我们一个改过的机会呢？那么，当别人犯错误的时候，我们也要设身处地，换位思考，给他一个改过的机会。所以你看，这个“怒”字，棱棱角角分明得很。你把这个棱角磨得圆滑一点，就变成了“恕”。那么这个字确实是可以终身奉行的。

《弟子规》中有句话为，“将加人，先问己；己不欲，即速已”。任何事情我们要加给别人之前，应首先扪心自问，我希不希望别人以这样的方式、态度来对我？如果我不希望别人这样对我，那我就不能够以这样的方式去对待别人。《大学》中也说：“所恶于上，毋以使下；所恶于下，毋以事上；所恶于右，毋以交于左；所恶于左，毋以交于右。”讲的就是恕道。

《孔子家语》中写到："君子有三恕。"哪三恕呢？"有君不能事，有臣而求其使，非恕也。"是说你对领导不能够侍奉得好，让领导满意，而你有属下，却希望他能够竭忠尽智，这就不是恕道了。"有亲不能孝，有子而求其报，非恕也。"你不能够孝敬父母亲，让父母安心满意，却希望儿女能够孝顺你，能够有报恩之心，这也不是恕道。"有兄不能敬，有弟而求其顺，非恕也。"不能恭敬兄长，却希望弟弟妹妹能够顺从你、恭敬你，这也不是恕道。所以，要做到恕的话，确实是先要求自己，然后换位思考、将心比心。

有的人发怒，是因为嫉妒别人所导致的。中国有一句俗话说"君子乐得做君子，小人冤枉做小人"。君子看别人做事成功了，特别是做好事成功了，也有一份喜悦，甚至还帮助他，希望他做得更好。但是小人看别人做事，即使是做好事，有利于社会大众的事，他也生怕别人的声望、影响超过自己。所以他心里就惴惴不安，甚至想方设法地去阻碍别人。但是别人应该做成的好事，应该取得的成就，不会因为你的障碍，就成功不了。所以怎么样呢？小人冤枉做小人。

在《论语》里，孔老夫子教导弟子怎么样对待名声、成就呢？他说："不患无位，患所以立；不患莫己知，求为可知也。"不要担心自己有没有一个好的位置来发挥自己的才能，这不是你应该关心的重点。就像我们很多的硕士生、博士生，刚刚一入学，就想到，三年之后，我能不能找到一个好的工作呀？我说这不是你现在要关心的问题。你应该关心什么呢？我有什么样的德行，我有什么样的学问，我有什么样的特长，让我三年之内，别人都争着抢着来要我？很多人说，怎么可能啊老师。现在虽然有这么多的毕业生，但是你想找到一个德才兼备、认真负责的；你把事情交给他，他办得干净利索的人，还真的很难找到。你又有德行，又有学问，又办事可靠、负责任，你到哪儿找不到一份工作呢？所以，不要担心自己没有好的位置，而要担心自己有什么样的德行、能力，立德、立功、立言于社会。不要担心自己的名声不够显扬，要追求足以使你的名声可以显扬的德行和能力。一旦给你一个平台，给你一个机会，你能够用你自己的所学所能，来服务社会、贡献人民，这才是重点。

《论语》上还说："见贤思齐焉，见不贤而内自省也。"见到贤德的人、做得比我们好的人，我们向他学习，向他看齐，而不是嫉妒他、阻碍他。看到不贤德的人，或者做得不够好的人，我们不是去嘲笑他、轻视他、瞧不起他，而是马上反过头来反省自己，我是不是也有类似的问题。为什么呢？因为人们总是看别人的问题清清楚楚，但是却看不到自己的问题。那怎么办呢？就是当我们看到别人问题的时候，马上反省自己，我一定有类似的问题。为什么呢？他们都是表演给我看的，让我知道，我身上也会有这样的问题的。如果我身上没有这样的问题，这些人就不会出现在我的面前了。所以，反省自己特别的重要。

有人说，我们在人生的路上背着两个包袱，一个包袱里装着别人的过失，另一个包袱里装着自己的过失。我们走人生之路的时候，往往把写着别人过失的包袱放在了胸前，而把写着自己过失的包袱放在了背后。因此我们一低头，很容易看到别人的过失，但是怎么也看不到自己的过失。正确的做法就是把这两个包袱调一个个儿，这样我们才能更多地看到自己的过失，而不是把眼睛盯在别人的过失上。

道家的劝善书《太上感应篇》上说："见人之得，如己之得；见人之失，如己之失。"这是同情心，这是一个正常人的心态。但是我们现在的人是这样的心态吗？很多人恰恰相反，是见人之得，如己之失。比如我们开会的时候，领导表扬某一个同事，我们是为他的成就感到高兴吗？可能会恰恰相反。我们心里在想，我做得比他还好，为什么领导就看不到我呢？又去表扬他了，嫉妒、愤愤不平的心就生起来了。如果领导批评某一个同志，我们是为他的过失感觉到难过吗？也可能会恰恰相反，我们心里暗暗窃喜，在那儿偷着乐呢。所以，我们现代人确实活得很可怜。可怜在什么地方呢？基本上没有什么喜悦的事情，即使有一点高兴的事，还是建立在别人的痛苦之上的。你说我们这种心理是不是已经扭曲了？但是扭曲了，自己还看不到，还认为自己修养不错呢。所以为什么要经常学习经典？经典就是一面镜子，把自己的问题照得清清楚楚。否则，不知道自己到底是什么样的境界，自己的心态到底出了什么样的问题。

当然，很多人已经习惯于用生气来解决自己的问题了。那我们要用心理暗示的方式，医治好爱生气的毛病。在晚上我们拿着一面镜子对着自己，或者你站在镜子的面前，然后这样说："你从今以后，对于任何事情，都不要生气。"早晨起来，方法也是一样。但是说的话，有所不同。你对着镜子这样说："你已经不生气了，你已经不生气了。"当然，"江山易改，秉性难移"，可能我们只是坚持了三两天，遇到不开心的人和事，仍然会火冒三丈。但是，我们不要因此就丧失了信心，丧失了勇气，只要连续不断地练习，不断地提醒三个月以上，终有一天，即使罪大恶极的人在我们的面前，我们都不会轻易发火了。这是我们讲的第一个原则。

第二个原则，一天之中，不出恶言。这个恶言，范围很广，包括粗鲁骂人的话、挑剔抱怨的话、指责批评的话、怨天尤人的话，还有勾引诱惑的话、不守诚信的话、搬弄是非的话，等等。我们不妨观察一下自己的言语，从早到晚，如果我们在说这些话，实际上就是在口吐毒舌，不仅浪费了时间，还损害了自己的健康，影响了别人的心情。如果我们每一天都在挑剔、抱怨、指责、愤怒地说话，我们想一想，受到最大伤害的人是谁？不是别人，首先是自己的身体。所以，为什么要口不出恶言？是为自己负责，也是为别人负责。当然中国古人也有很多观人的方法，观察一个人有没有德行，主要是观察一个人的言语，他在讲什么？因为“言为心声”。怎么观察呢？在《格言别录》上说：“德盛者，其心和平，见人皆可取，故口中所许可者多。”德行很高的人，总是心平气和，见到每一个人都有可取之处，都有值得学习的地方。所以他口里所认可的人、所肯定的人、所赞叹的人就有很多很多。相反，“德薄者，其心刻傲，见人皆可憎，故目中所鄙弃者众。”德行浅薄的人，心地刻薄傲慢，见到每一个人，都有可憎恶的地方、不如我的地方、可挑剔的地方。所以他眼睛中所鄙视的人、所瞧不起的人就有很多很多。

大家都听过佛印禅师和苏东坡的传说。有一次，佛印禅师和苏东坡两个人在打坐，坐着坐着，苏东坡就问：“你看我这个样子像什么？”佛印禅师看了一下说：“我感觉你的样子很庄严，就像一尊佛一样。”苏东坡一听非常高兴，过了一会儿，佛印禅师问他说："你看一看我这个样子像什么？"苏东坡看了一下说："我看你这个样子，简直就像一堆牛粪。"佛印禅师听了之后笑了一下，没有作声。之后，苏东坡欢天喜地，迫不及待地回到家里，和他的妹妹苏小妹（史籍中并未记载此人，为后人杜撰）分享，他说："妹妹，我每次和佛印禅师在一起，我都说不过他，都让他占上风，可是这一次我赢了，我占了上风。"苏小妹很有智慧，她说："哥哥，你占了什么上风，说出来我听听。"苏东坡说："我们两个在打坐，我问他，我像什么？他告诉我，我像一尊佛。而他问我，他像什么？我跟他说，他像一堆牛粪。这不是我庄严，而他不庄严吗？"苏小妹听了之后就笑了，说："哥哥，你这一次又输了。为什么呢？因为佛印禅师心地慈悲善良，他看谁都是一尊佛，而你呢？你的心地肮脏，所以你把那么慈悲的禅师，都看成是一堆牛粪了，这恰恰说明你自己的心境不够好。"苏东坡听了之后恍然大悟，感到非常惭愧。

有一句话说，佛的眼里全都是佛，菩萨的眼里全都是菩萨，而凡夫的眼里全都是凡夫，即使是佛菩萨在他的面前，他也把他看成是凡夫。从这里我们深刻地体会到，当我们说别人的时候，实际上是反映了自己的心地。这是第二个原则，不出恶言。

第三个原则，一天之中，家庭和睦。当然，这个家，我们要广义地理解。什么是家呢？有爱的地方就是家。这有两个含义。假如一对夫妻有一座大房子，有一座大别墅，但是每天争争吵吵，尔虞我诈，勾心斗角，同床异梦，那不叫家，那顶多是一个别墅，一个房子而已，因为里边没有爱。另一方面，我们把对家人的这种关爱推而广之，关爱来到我们身边的每一个人，每一个同事、属下、领导，那我们就把这个单位变成了一个和谐的大家庭。所以有爱的地方就是家。当然了，人际相处的箴言都是相通的，人际相处和夫妻相处的道理都是一样的。

夫妻相处只要守住一句箴言，就可以白头偕老。这句箴言就是：只看对方的优点，不看对方的缺点。有一位老师，到珠海去讲课，他就是这样讲的。现场有一位女士非常踊跃地举手发言，她站起身来对老师说："可惜，我的丈夫他没有优点。"这个老师反应很快，走到这个女士的身边说："这位女士，我真的很佩服你。为什么呢？因为你的丈夫连一个优点都没有，你居然还敢嫁给他。"所以他说人其实都很健忘，两个人在热恋的时候，这个课还没有下，就不停地看表，说老师抓紧时间了，我一会儿还要去约会，不知道她有什么样的喜好，我邀请她去哪一个餐馆更适合她的口味。不知道她喜欢看什么电影，到哪一个电影院更浪漫。所以，处处都在想着对方的需要。繁体字的"愛"字是一个感受的"受"，中间有一个"心"字，这个字告诉我们，什么叫爱呢？爱是用心感受对方的需要。当我们用心感受对方需要的时候，两个人卿卿我我，"一日不见，如隔三秋"。但是好景不长，终于把这个人追到手了，两个人要结婚，结婚证一领，章一盖下去，心态完全变了。从我能为对方做些什么，变成了什么呢？变成了对方应该为我做什么。这个心态一变，一下子就从天堂落到了地狱。

有人说现在的家庭有四种类型。第一种叫天堂家庭，第二种叫和乐家庭，第三种叫苦恼家庭，第四种就是地狱家庭。我们的家庭属于哪一种类型呢？如果我们的家庭属于地狱家庭，那恭喜你。为什么呢？

因为你今天来对了，听了这堂课，我们就可以把地狱家庭返回到天堂家庭。其实幸福就在一念之间，这一念除了只看对方的优点，不看对方的缺点之外，还有一句话，就是“行有不得，反求诸己。”现在小到家庭夫妻之间的冲突，大到国与国之间的冲突，都是因为人们不懂得这个道理所导致的。

古人说：“各自责，天清地宁；各相责，天翻地覆。”如果遇到事情大家首先反省自己，这件事我应该承担什么责任，我应该怎么样去把它扭转，事情就会向好的方向发展。所以，幸福确实在一念之间。那么一个家庭，除了夫妻相处好之外，还要教育好儿女。教育儿女，只要守住一个原则，就可以把儿女教导好，那就是德教为先，以身作则。在《说文解字》上，把“育”解释为“养子使作善也”。意思是说，你把孩子仅仅养大，那不叫育，他必须顺着善良的方向发展。善良不断增长，过失得以挽救，这才是教育的目的。所以，做人的教育，品格教育，居于教育的基础与核心。

教育的次序，应该是《三字经》上所说的，“首孝悌，次见闻”，也就是先从《弟子规》培养起孩子孝敬父母、尊敬老师、谦恭有礼、知恩报恩的品德，然后才让他学习知识和技能，这样才不会学得越多越傲慢，学得越多越不把父母老师长辈放在眼里。

有一个孩子英语学得不错，她的母亲带着她去见姥姥。见了之后就夸，说我这个孩子记忆力很好，背了很多的单词，不信你考考她。这个姥姥就问：“桌子怎么说？”“table”，“书怎么说？”“book”，问了她很多，都对答如流，确实学得不错。突然这个女孩反问她的姥姥，说：

“姥姥姥姥，伞怎么说？”姥姥从来没有学过英语，当然就答不出来。结果没想到这个孩子当着很多人的面，讽刺她的姥姥说：“姥姥姥姥，你可真是个白痴。”现在孩子对父母、老师、长辈没有礼貌的现象，我们已经见怪不怪了。原因在哪里呢？原因在于我们把教育的次序给搞颠倒了，没有用《弟子规》来培养起他谦恭有礼、尊敬老师、孝敬父母的态度，只学了很多的知识、技能。结果越学越傲慢，越学越不把父母、老师放在眼里。所以，“知所先后，则近道矣”。任何事的先后次序搞颠倒了，都会出现弊端。在品德的培养中也是有先后次序的，就是先要开启孩子的孝心。当然要培养孩子的孝心，并不是只让孩子去读诵《弟子规》《孝经》，而应该是孩子的父母首先把《弟子规》落实在生活中，一言一行、一举一动，全都符合《弟子规》《孝经》的要求。孩子在父母身上学到了孝敬父母、尊敬老师、谦恭有礼。所以父母的身教比什么都重要，家教特别的重要。“不孝有三，无后为大”，是讲最大的不孝是没有培养出能够承继家风、家教的后继人才。所以中国古人把后继人才的培养看得无比重要。

“以身教则从，以言教则讼。”这个孩子为什么会有逆反心理呢？孩子小的时候，他的体力还不够壮，你让他做什么他不去做，父母就打他一顿，骂他一顿。但是随着他年龄的增长，父母做不到，要求儿女去做到，他心里就不服气了，而且他有体力，有能力跟你对抗了，他就有逆反之心。逆反心理是这样来的。“以言教则讼”，你仅仅用言语去教导他，自己做不到，他就会和你起争讼，甚至还有逆反。意思是说，你都做不到，有什么资格说我呢？“以身教则从”，你一句话都没有说，但是一言一行、一举一动都符合《弟子规》，这个孩子自自然然就学会了《弟子规》。教育儿女其实也很简单，就是德教为先，以身作则。那我们把这些原则都落实在每一天的为人处事、待人接物之中，我们的家庭一定是幸福美满的。这也为我们做好领导工作奠定了一个良好的基础。

（根据作者2016年7月在陆军总医院党支部书记培训班讲座《传统文化与心理调适》整理）

第三讲
传统文化与道德教育

各位学员大家好!

今天很高兴和大家一起来学习中国传统伦理思想。我们都知道,中国传统文化现在越来越热,国学也受到了领导干部的欢迎。那么中国传统文化的特点是什么呢?中国传统伦理思想对于解决我们当前道德教育问题,又有哪些启示呢?今天和大家一起分享三个问题。

第一个问题,传统伦理与人生幸福。这个问题主要回答,为什么传统文化被称为安身立命之学。第二个问题,传统伦理与社会和谐。这个问题主要回答,传统伦理思想为什么被称为经世致用之学。第三个问题,我们讲一讲中国传统伦理道德教育的经验,对于我们当前道德教育、道德建设,有哪些借鉴的意义。

一、传统伦理与人生幸福

首先，我们来看第一个问题，传统伦理与人生幸福。如果用两个字来概括中华传统文化的精髓，大家知道这两个字是什么吗？那就是“道德”。“道德”在古代汉语中其实是两个词。首先我们来看一看什么是“道”。这个“道”用西方哲学的话来说，就是客观性和必然性的宇宙秩序。而中国古人喜欢简单，常用天道来体现这种恒常不变的、本来如此的、不以人的意志为转移的规律。

《论语》上孔老夫子说：“天何言哉？四时行焉，百物生焉。天何言哉？”天说什么话了吗？天并没有像我这样，用语言的方式和大家交流。但是，我们可以从自然的变化中看到一种规律的存在。比如，在四时的变化中，我们观察到春生、夏长、秋收、冬藏的规律。从万物的生长中，我们观察到“种瓜得瓜，种豆得豆”的因果事实。《易经》上说，古代的圣人上观天象、下察地理，从中得出了事物产生变化的规律。不仅仅包含了宇宙自然界的规律，也包含了社会保持稳定必须遵守的人伦大道。这种人伦大道就是《孟子》中概括的五伦关系——“父子有亲，君臣有义，夫妇有别，长幼有序，朋友有信”。

“父子有亲”是说，在社会中时时刻刻存在着父母与儿女之间的亲情关系。而父母爱儿女、儿女爱父母，这是一种自然的亲情，不是圣人给我们规定下来的。那怎样使这种自然的亲情一生顺着“亲”的方向发展呢？圣人去观察，只有父母慈爱教导儿女，儿女孝敬父母，也就是要做到“父慈子孝”，这个亲情才能够维系一生，才不至于出现像我们现在社会所出现的一些匪夷所思的现象。比如，有篇新闻报道，一个从日本留学回来的留学生，在机场捅了他的母亲很多刀。这种母子无亲的现象是怎么造成的呢？主要是因为失教。我们看这个“慈”字，上边是一个“兹”，下面是一个“心”字。所以，什么是“慈”呢？那就是“念兹在兹”，父母的心无时无刻不在记挂着儿女，无时无刻不在儿女的身上。所以，从这个“慈”字上，我们就能够体会到父母对儿女的恩情，确实是非常深。那么这个“孝”字呢？上面是一个“老”字，下面是一个“子”字。这个字就是告诉我们，上一代和下一代是一体的，而不仅是两个个体。如果仅有两个个体的概念，孝已经不存在了。而上一代还有上一代，下一代还有下一代，这上一代和下一代，自始至终都是一体的。所以，中国古人从来没有出现过“代沟”这个概念。为什么会有代沟呢？那就是因为做儿女的没有尽心尽力耐心地去和父母沟通，没有孝的教育，才会使代沟出现。

“君臣有义。”看到这个关系，大家不要以为是封建专制社会才有的。在我们现代社会，依然有“君臣”关系，那就是领导者与被领导者之间的关系。领导者要尽领导的责任，被领导者有被领导者应尽的本分，他们各自尽到自己的职责，也就是以“义”来相处。这个“义”和适宜的“宜”在古代是相通的，“义者，宜也。”那么做领导者是什么样子的呢？古人用一个字来概括，那就是“仁”。这个仁字，从人从二，告诉我们的是两个人相处之道，想到我们自己，就要想到对方，能够换位思考，将心比心。所以领导者，不能因为自己身处领导的位置，就对属下呼来唤去，甚至不把他们当人看，这样做就错了。那么，被领导者呢？他要尽心尽力地去完成领导交待的工作任务，这就是“忠”。“尽己之谓忠”，领导者交给自己的工作任务，竭尽全力地来完成，这就是尽到了忠心。所以，领导者仁慈关爱下属，下属竭尽全力地完成领导交给自己的任务，他们各尽本分。领导与被领导者之间的关系，就是互相感恩、互助合作的关系。在《儒家文化与中国式管理》中，我们还会对“君仁臣忠”的理念进一步分析。松下幸之助、稻盛和夫，就是靠这样一种理念，成为“经营之神”“经营之圣”的。

“夫妇有别。”这个“别”字并不是身份和地位上的差别，而是说在职责上有分工，也就是男主外，女主内。在一个家庭之中，有两个重要的职责。第一，就是要使经济收入满足生活所需，有足够的物质条件养家糊口，使家人衣食无忧，这一个重要的职责，主要是由男子来承担的。但是，一个家庭只要有钱就够了吗？只要有钱就能够幸福生活了吗？在家庭之中，还有另外一项更为重要的职责。这个职责是什么呢？那就是要教育儿女。中国人有一句话说：“不孝有三，无后为大。”什么是无后呢？很多人说是指没有儿子，这当然是无后的一种，但是，另一种情况却被很多人给忽视了。比如说，一对夫妻生了七八个儿女，结果这些儿女都是败家子、啃老族，不能把良好的家业家风承传下去，还做了很多祸国殃民的事。这样的儿子与其有，还不如没有，这才是真正的“无后”。所以，中国古人把教育儿女这件事看得无比重要。这么重要的职责，当然不能推给孩子的祖父母，推给小课桌，推给保姆，也不能推给学校。必须是由他的父母，特别是母亲，亲自来承担。古人说“至要莫如教子”。人生最重要的事是什么呢？就是把儿女教养好，让他们顺着善良的方向去发展，这一个重要的职责由母亲来承担。这就要求做母亲的，要有良好的德行，这样才能够言传身教，把儿女教导好，起到相夫教子的作用。所以，做丈夫的要有恩义、有道义、有情义，不能自己在外面工作，就见异思迁、寻花问柳，这就错了。而做妻子的有良好的德行，这样夫妻互相配合，家庭幸福才有保证。

“长幼有序。”这个序就是一个自然而然的秩序。我们看一家的兄弟姐妹出生，是有自然顺序的。这个自然的次序不能够颠倒，就应该给予尊重。从这个自然的顺序出发，要求做兄长的要友爱关心、帮助弟弟妹妹。所以，古人把这个“友”写作两只手互相搀扶，意思是说，你的弟弟妹妹有了困难，做兄长的去帮助，这是天经地义的事，不要讲什么条件。而做弟弟妹妹的，对于兄长要恭敬，要听从。所以，中国古人把兄弟之情看得很重，称为“骨肉之情”“手足之情”，不会因为一点点财产的纷争就吵上了法庭。在《弟子规》上有两句话，对于处理兄弟姐妹之间的关系特别合适。第一句话就是“财物轻，怨何生”。兄弟姐妹之间更看重的是手足之情，把财物看得淡一点，看得轻一点，怨恨又怎么可能产生呢？另一句话是“言语忍，忿自泯”。兄弟姐妹在接触的时候，言语上互相忍让一下，少说一句，忿忿不平的心自然就泯灭了。

法照禅师曾经写过一首偈，从中我们可以体会到兄弟姐妹之间的深情厚谊。这首偈是这样写的：“同气连枝各自荣，些些言语莫伤情。”说一家的兄弟姐妹，就像一棵树上长出的不同枝杈，叫“同气连枝”。等以后他们各自都成立了家庭，各自都有发展，叫各自荣。“些些言语莫伤情”，兄弟姐妹在相处的时候，一定要更注重兄弟之间的情谊，不要因为言语不谨慎而伤害了彼此之间的深情厚谊。“弟兄同居忍便安，莫因毫末起争端。”兄弟姐妹之间相处的时候，一定要守住一个“忍”字，千万不要因为芝麻大的小事产生纷争。“一回相见一回老，能得几时为弟兄。”你看我们上了年纪的人，都有这样的感触，逢年过节的时候，兄弟姐妹相聚在一起，突然发现哥哥姐姐的头上多了几根白头发，脸上多了几道皱纹，确实是一回相见一回老。我们还有多长时间能够守在一起互相关心、互相帮助、和睦共处呢？“眼前生子又兄弟，留与儿孙作样看。”现在上一辈都成家立业了，也都有了自己的儿女，他们下一代也成为兄弟姐妹，如果上一代之间能够做到兄友弟恭，那下一代也从我们的身上学会了和睦相处。所以，这首偈就把兄弟姐妹之间的手足之情写得淋漓尽致。我们想一想，在这样的教育之下，兄弟姐妹怎么可能会为一点点财产就把对方告上法庭呢？

在《朱子治家格言》中也有过一句话，“居家戒争讼，讼则终凶”。一家的兄弟姐妹在一起过日子，最忌讳的就是起了诉讼，把彼此送上法庭。如果兄弟姐妹之间起了争讼，即使这个官司你赢了，你这家道也必然会衰落。为什么古人说得这么肯定呢？因为古人看问题都是从根本上看。说量大福大，一个人有多大的福分，就看他的心量有多大。如果他的心量很大，很能包容，很能忍辱负重，那么这样的人，他的福分才会很大。如果这个人连他的兄弟都不能够包容，这样的人心量狭窄到了极处，他的前程就很可悲了。这讲的是兄弟姐妹之间的关系——长幼有序。

最后一伦，“朋友有信”。“同门曰朋，同志曰友。”在一个老师门下学习的人都为朋。虽然在同一个老师的门下学习，但是志向并不尽相同，而那些志同道合的人，就称为友。所以这个友比朋的关系又近了一步。用现在的话来说朋友就是和我们关系、地位平等的人，和他们相处的时候，应该守住一个“信”字。“信”是一个单立人加一个言字，即人言为信。人所讲的话必须守信誉，否则，那都不是人所说的话了。所以，你从这里就可以看出，中国古人是一诺千金。如果这件事他答应了，他一定会给你办，不用再签什么合同，是“一言既出，驷马难追”。我们现在的人若没有了诚信的教育，即使已经签了合同，也会不履行合同，因此产生了很多纷争。 所以这五种伦理关系，是任何一个社会、任何一个国家的人民都必须遵守的人伦大道。在古代适用，在今天也依然适用，所以被称为道。这个道就是恒常不变的规律，按照这个道去做，就称为德。

在汉代扬雄的《法言篇》中对“儒”下了一个定义：“通天地人，谓儒。”告诉我们学儒的人，对于天地自然的规律、对于社会人伦关系的道理都通达无碍，这样的人才称为儒。而这个“儒”字是一个单立人加一个需字，告诉我们学儒的人，是人之所需，是我们人类社会所急需的。为什么是我们人类社会所急需的呢？比如说在十年“文革”的时候，“批林、批孔、批周公”，儒家被打倒了，没有人再把五伦关系的教诲给大家讲解出来了，与此相反，还出现了儿女去批斗父母，学生去揪斗老师的现象，把五伦关系彻彻底底地破坏了。所以，你看学儒的人，确实是人之所需。

《周礼·天官》中也给“儒”下了一个定义，说“四曰儒”，第四种执掌叫儒，“以道得民”，他给大家讲的是道，所以是深得民心。试问哪一个父母不希望儿女孝顺自己呢？哪一个儿女，不希望父母慈爱教导自己呢？哪一位兄长，不希望弟弟妹妹恭敬自己呢？而哪一个弟弟妹妹，不希望兄长友爱扶助自己呢？哪一对夫妻会喜欢同床异梦呢？所以你看儒家讲的是什么呢？讲的就是这些道。所以它深得民心，受到人们欢欣喜悦的拥护。

前不久，全国普遍流行宣讲传统文化的公益论坛。这个公益论坛只有四五天的时间，这个会场最多时候可容纳三五千人，而且都是采取网上自愿报名的形式。但是，往往报名参加这个公益论坛的人数都超过了几万人。我们平时开会，参会的人数到最后越来越少，但是参加公益论坛的人数是越到最后越多。为什么呢？一个妻子听到了，打电话给丈夫，这儿有一个传统文化的论坛，你抓紧时间来听一听。这样互相传告，到最后一天，来听的人越来越多。所以，从这里我们就明白了，为什么儒家文化能够深得民心，因为它所讲的，它所教诲的，都是和我们幸福人生密切相关的道理。

那么，我们学了这个道，按着伦理道德的要求去做，我们会有什么样的体会、有什么好处呢？我们立刻能够体会到《论语》上所说的“君子坦荡荡”。你看这个颜回，“一箪食，一瓢饮，在陋巷，人不堪其忧，回也不改其乐”。孔老夫子的弟子颜回，生活的条件非常艰苦，吃饭连饭碗都没有，喝水连杯子都没有，住在非常简陋的巷子里，别人都不堪忍受，他的生活条件太艰苦了。但是颜回怎么样呢？不改其乐，他仍然是乐在其中。请问，颜回乐在何处呢？颜回他乐在道中。他有一种发自内心的，像泉水涌出的喜悦，我们古人称之为法喜。“学而时习之，不亦说乎！”这个“说”就是现在的“悦”，是一种法喜的表现。孔老夫子一生体会到了这种喜悦，颜回也体会到了这种喜悦，这个叫“孔颜之乐”。所以，我们按照道去做，我们就可以体会到一种法喜充满的境界。那么“小人长戚戚”，小人最大的特点，就是只考虑到自己的利益，甚至为了自己的利益，尔虞我诈，勾心斗角，想方设法谋害别人。这样的人患得患失，往往处于郁郁寡欢的忧凄状态。所以，你看我们学习传统文化，把五种伦理关系都处理得很好，我们就活在欢欣喜悦之中。这就是我们最大的收获。

我们看孔老夫子一生，他周游列国，想把自己好的学说推广于天下，让天下百姓过上幸福安乐的生活。但是这些国君，或者认识不到他思想的深刻，或者是以小人之心度君子之腹，有嫉妒之心。结果是他宣扬的道很少被国君所用。但是，孔老夫子从来没有流露出任何怨天尤人的情绪。在《论语》的开篇就这样写到，“学而时习之，不亦说乎；有朋自远方来，不亦乐乎；人不知而不愠，不亦君子乎？”孔子有道德学问，但是也不为国君所用，他没有任何怨天尤人的情绪，没有任何愠怒的表现，这不正是一个君子的行持吗？

我们学习传统文化，对我们人生最大的益处，就是可以做到俯仰无愧，一生欢欣喜悦，心里坦然。孟子说人生有三乐，哪三乐呢？“父母俱存，兄弟无故，一乐也；仰不愧于天，俯不怍于人，二乐也；得天下之英才而教育之，三乐也。”为什么古人一开口就是喜悦，就是欢乐？

而我们现在人，一开口就怨天尤人，就是是非人我，这是因为我们所读的书不一样，我们所接受的教育不同。所以古人说："得道者多助，失道者寡助。""顺天者昌，逆天者亡。"我们学习传统文化，都是教导我们要顺着道去做，这样才能够身心安乐，事业成功，处于一种欢欣喜悦的状态。我们概括一下，这个道就是指宇宙人生的真相。

在《说文解字》上，对"德"字做了一个解释，说"德者，得也，外得于人，内得于己也"。什么意思呢？这句话告诉我们得道之人所表现的品质特征。从外在的方面看，他获得的是众人的支持与帮助，他走到哪里，人们都赞叹他，肯定他，拥护他；从内在的方面看，他获得的是心灵的安宁。也就是说，一个有德之人是内外皆有所得的，达到了古人所说的"宠辱不惊，闲看庭前花开花落；去留无意，漫随天外云卷云舒"的境界。这是我们讲的第一个问题。

二、传统伦理与社会和谐

第二个问题，我们讲一讲传统伦理与社会和谐的关系问题。我们学习传统伦理思想，对于我们今天促进社会和谐有什么帮助呢？

2013年，习近平总书记在全国宣传思想工作会议上讲到："宣传阐释中国特色，要讲清楚每个国家和民族的历史传统、文化积淀、基本国情不同，其发展道路必然有着自己的特色；讲清楚中华文化积淀着中华民族最深沉的精神追求，是中华民族生生不息、发展壮大的丰厚滋养；讲清楚中华优秀传统文化是中华民族的突出优势，是我们最深厚的文化软实力；讲清楚中国特色社会主义植根于中华文化沃土、反映中国人民意愿、适应中国和时代发展进步要求，有着深厚历史渊源和广泛现实基础。”

中华文化和西方文化到底有哪些不同呢？中国古人是怎么样促进社会和谐、维持社会安定的呢？在《论语》上记载，孔老夫子到卫国去考察，他的弟子冉有给他驾车子。孔老夫子自言自语地说：“这个地方人口已经很稠密了。”冉有就问：“人口已经很稠密了，还应该做什么呢？”孔老夫子说了两个字，“富之”。就是要使人们富裕起来。冉有又问“已经使人们富裕了，还应该做什么呢？”孔老夫子又说了两个字，“教之”。也就是要给他们以人伦关系的教诲，让他们知道自己在伦理关系中的责任和本分。这样的话，社会就可以和谐了。

所以，想要社会和谐并不难，只要把“富之教之”这四个字做好了，社会就和谐了。孟子也说“饱食、暖衣、逸居而无教，则近于禽兽”。人们吃饱了饭，穿暖了衣服，过上了安逸的生活，但是，没有伦理道德的教育，这个时候，人就堕落得离禽兽不远了。所以，中国古人把道德教育看得特别重要。但有人不禁会问了，说你看西方国家，也没像我们这样重视道德教育，但是，人家就是靠着制度建设，不是把自己的国家治理得挺好吗？也没有出现那么严重的腐败问题。所以，我们只要把西方的制度搬过来，我们国家的问题不就迎刃而解了？这种观点，其实是忽视了西方的民主制度所产生的历史文化背景。

从历史上看，西方的民主政治，是建立在宗教文化的传统之上的。也就是说，他们的政治制度维护了公平正义，而仁慈博爱、诚实守信的道德教育则是由教会来教导的。所以，他们的社会治理靠的是两手抓，一手抓公平正义的制度建设，一手抓仁慈博爱的道德教育。但是，我们在向西方学习的时候，仅仅看到了西方重视制度建设的一面，误以为只要把西方的制度搬过来，我们的社会问题就迎刃而解了。结果怎么样呢？结果却出现了“异体移植”的弊端。什么意思呢？就是这个制度，在西方国家运用得很好，但是一搬到中国来，它就变样、变味了，不灵了。

我们都知道安利公司，它是一个跨国公司，它刚刚来中国发展的时候，有一个全球通行的“无因全款退货制度”。这个制度规定，你把产品用完了，但是你觉得对它不满意，你可以拿着空瓶子到公司去退款。公司会怎么样呢？它会把所有的货款都退还给你，为的是让顾客相信它的产品质量很过关，几乎没有人对它的产品不满意。这个制度在西方国家推行的时候，没有出现什么问题，但是，来到中国的时候却出现了问题。出现了什么问题呢？很多人把产品用光了，他也觉得这个产品挺好的，但是他就好意思拿着这个空瓶子到公司去退款。而这样的人，还不是一两个人，是每一天都有排着长龙的人，拿着空瓶子要求退款。安利公司从来没有遇到过这样的问题。最后怎么样呢？迫使安利公司在中国改变了这一个全球通行的无因全款退货制度。诸位朋友，这是制度的问题吗？不是，这是人的问题。

《群书治要·傅子》上有这样一句话：“明君必顺善制而后致治，非善制之能独治也，必须良佐有以行之也。”意思是明智的君主一定是顺着好的制度，才能够达到社会大治的结果。换一句话说，好的制度重不重要呢？当然很重要。但是并不是有了好的制度就一定能够达到天下大治的结果，还必须有好的辅佐人才来推行这个好的制度。从这个意义上说，德才兼备的人，是更加重要的，那么这个德才兼备的人，必须是靠道德教育培养起来的。而这个制度，是把这个好的人，选拔在合适的位置上，让他发挥作用。那我们就看一看，中国古人是怎样进行道德教育的。

三、传统伦理对当前道德教育的启示

第三个问题，我们讲中国传统道德教育的经验和特点，这对我们今天的道德教育，也会有很多的启示和借鉴。我们可以把中国传统道德教育的经验和特点概括为八个方面。

（一）目标明确

第一是目标明确。在《礼记·学记》上，就提出“建国君民，教学为先”。建立一个国家，领导一国的老百姓，什么是最重要的呢？教育是最重要的。那么教育的目的是什么呢？“教也者，长善而救其失者也。”这一句话就把教育的目标给我们指出来了。教育的目的，是使人善良的方面不断增长，而使人的过失得以挽救。那么，我们看一看我们现在的家庭教育、学校教育、社会教育，是不是起到了长善救失的作用呢？

从家庭教育来看，在周六、周日的时候，家长是送孩子去学习《弟子规》，教他做人的道理，培养他的品格了呢？还是让他去学钢琴、奥数、唱歌、跳舞、书法的技能了呢？学书法有助于培养人的性情，提高人的定力。你看古人说琴棋书画，为什么教孩子学习这些呢？就是要培养人的专注能力。不是像我们现在的孩子，多是下网吧、打游戏、看电视、看微信，这样的孩子专注能力不高。比如我们上课这两个小时，我们的心都已经飞到窗外了，还在想着中午我要和谁吃饭，一会儿我要去见哪一个人，我们的心都不在课堂之上，没有活在当下。我们没有专注能力，我们学什么能学得有成就呢？大部分的家长，送孩子去提升技能、提高知识，而没有让他学习做人，使他的善良得以增长、过失得以挽救。

再看学校教育，请问是大学生的道德素质好，还是小学生的道德素质好呢？现在我们的小学生学的是树立共产主义理想，热爱祖国，热爱人民，拥护中国共产党，当然这些都是很必要的。但是到了大学，能整理好自己的床铺、收拾好自己的房间，说话讲诚信，那已经不错了。我们的学校教育起到长善救失的作用了吗？再具体一点，是大一的学生好管，还是大四的学生好管呢？我们的学校教育如果起到了长善救失的作用，应该是随着受教育的时间越长，他越有德行，越尊敬老师，越感恩才对。但是，为什么随着学习的时间越长，大四的学生和大一的学生德行相比都相差很远了呢？

所以，有人把现在的大学称为university。大学的英文是university，翻译过来是什么意思呢？翻译过来就是“由你玩四年”。你看这个孩子，父母千辛万苦把他送到了大学，他就像出了笼的小鸟一样，再也没有人束缚他了。于是他开始娱乐，开始交结一些不三不四的朋友，开始经常出入娱乐场所，整天就是吃喝玩乐。四年过去了，他的德行没有增长，知识、技能、素质没有提高，可不就是由你玩四年吗？所以有人说，你们这一批人很可怜，没有受过高等教育。我们听了不服气，说我们都硕士、博士毕业了，你怎么说我们没有受过高等教育呢？我们仔细想想，我们是不是随着受教育的时间越长，德行越高呢？所以，现在的高等院校，都变成了高等知识技能的传习所。做人的教育、品质的教育，几乎看不到了。

（二）规范概括

第二个特点，规范概括。用什么来教呢？我们现在说要培育和践行社会主义核心价值观，其实中国自古以来都是用核心价值观来教导人们的。这个核心价值观概括起来非常简单，就是我们刚才讲的“五伦”“五常”“四维”“八德”。“五伦”就是“父子有亲，君臣有义，夫妇有别，长幼有序，朋友有信”；“五常”就是“仁、义、礼、智、信”；“四维”就是“礼、义、廉、耻”；“八德”就是“孝悌忠信，礼义廉耻”。这个八德与孙中山提出的八德概括在一起就是“孝悌忠信，礼义廉耻，仁爱和平”。这就是中国古人的核心价值观。因为它概括简单，所以易记易行，它容易记住，也容易在社会中去推行。

把这么简单的价值观推广开来，就可以避免《墨子》上所说的“一人则一义，二人则二义，十人则十义”的情形。什么意思呢？就是如果我们的社会没有一个统一的普遍遵守的价值观、道德观，那么当有一个人的时候，有一种是非善恶美丑的标准；有两个人的时候，就有两种不同的是非善恶美丑的标准；当有了十个人的时候，那就会有十种是非善恶美丑的标准。这样就会出现社会价值取向的混乱，是非善恶美丑各有评判标准的现象。所以，古人把这个价值观进行了统一概括，而且要通过各种方式让人们在心中去认可它、遵循它，落实在生活的点点滴滴。这样当遇到事情的时候，就会有统一的是非善恶美丑的标准来衡量。

（三）内容丰富

第三个特点，就是内容丰富。中国古代道德教育的内容很丰富。主要体现在它有非常丰富的因果教育，这个因果教育渗透在儒释道三家的经典之中。比如《大学》之中就有这样一句话："德者本也，财者末也。"它告诉我们，一个人的财富，包括名誉、地位等等，这都是枝叶花果，是外在的显现。但是它的根本在哪里呢？根本在一个人深厚的德行。学植物学的人都知道，一棵树的枝叶花果能够延伸到哪里，它下边的根就必定延伸到哪里，根深才能够叶茂。所以财富、地位、名声，靠什么来支撑呢？靠深厚的德行，古人说厚德载物。如果一个人的地位越来越提升，从处长到副局长，副局长到局长，局长到副部长，副部长再到部长。位置越来越高，赚的钱也越来越多，名声也越来越大，但是他的德行并没有相应的提升，没有变得越来越深厚，那就会出现"德不配位"的现象。就是你的德行和你的位置不相匹配。不相匹配会怎么样？古人讲"多有奇祸"，就经常会出现意想不到的、突如其来的灾祸。这个是《大学》上的教诲。再看《易经》，孔老夫子以"六经"

教导学生，首重《易经》。《易经》也被称为群经之首。《诗》《书》《礼》《易》《春秋》，还有《乐经》，这些是孔老夫子用来教导学生的。后来《乐经》失传，变成了“五经”。在《易经》上有这样一句话，说：“积善之家，必有余庆；积不善之家，必有余殃。”我们观察，有很多领导干部，已经做到了很高的官位，甚至是省部级以上的官员了，突然锒铛入狱了。大家都会议论纷纷，说不清是什么原因，莫衷一是。其实原因很简单，那不就是“积不善”所导致的吗？我们从历史上可以看到很多这样的例子。比如和珅，比如蔡京，他们在朝的时候，利用自己的职权贪污受贿，贪了很多钱，最后下场都非常可悲。这些都是“积不善”所导致的。所以，中国古人观察一个人的发展，观察一个事情的趋势，是“不论一时而论久远”，不要看着他现在身居官位，骄奢淫逸，以权谋私，就很羡慕他；再往远了看，看看他的晚年，甚至再看一看他的子孙后代，你就知道了，真的是多行不义必自毙。

有一本书叫《历史感应统纪》。这本书就是把正史之中所出现的类似的故事全都编辑在一起。还有《太上感应篇汇编》《文昌帝君阴骘文》《安士全书》等，古人把这些故事附在经文之后，让我们知道，这是一个历史规律，不可改变。在《尚书》上还有一句话说：“作善，降之百祥；作不善，降之百殃。”这都是告诉我们，福和善都是自取，自作自受的。在道家的劝善书《太上感应篇》中也讲：“祸福无门，惟人自召；善恶之报，如影随形。”这个灾祸和福分，它没有一定的门径，都是人自己感召的，自己的善心善行，或是恶心恶行所感召而来的。善有善报，恶有恶报，就像影子跟着身体一样不分离。《太上感应篇》被称为“历代状元宰相必读之书”，不是说你读了这本书，就一定能够做到状元宰相，但是你要想做好状元宰相，保证不出问题，必须要把这本书好好读一读。

在《吕氏春秋》上记载着这样一个故事。楚庄王听说有一个人非常会看相，这个人观察过几百个人，没有一个看错的。他觉得很奇怪，就向这个人请教。这个人是怎么回答的呢？这个人说：“我并不是会给人看相，我不过是善于观察这个人所结交的朋友而已。如果这个人是布衣百姓，他所结交的朋友，在家孝敬父母，出门尊敬长辈，自己又善良、谨慎、畏惧法令，他的家一定会一天比一天过的好，身心一天比一天更安乐，这就是所谓吉祥的人。如果我所观察的人是一个侍奉君主的大臣，他所结交的朋友都是诚实守信、好善有德行的，这样的人，他侍奉君主，会一天比一天侍奉得好，他的官职会一天比一天更提升，这就是所谓吉祥的臣子。如果我所观察的这个人，是一个国家的君主，他的朝臣里边很多都是贤德的人，所任用的都是忠良之士，他一有过失，这些人都会犯颜直谏。这样的君主，他的国家会一天比一天更安定，他的君主地位，会一天比一天更尊崇，天下人会一天比一天心悦诚服，这就是所谓吉祥的君主。”最后他强调说：“我并不是能够观察人的相貌，我只不过是会观察这个人所结交的朋友。”这个典故告诉我们自己是一个什么样的人，往往也会感召什么样的人成为自己的朋友。如果自己是一个好德向善之人，所感召的朋友也定是好德向善之人，那么他的未来就是吉祥如意的。从根本上，其实也是观察一个人的品行。这是第三个特点，内容丰富，主要是谈它有很丰富的因果教育。

（四）形式多样

第四，就是道德教育的形式多样。家庭教育是教育的开始。这个形式多样，始自家庭，而且是从胎教直至生命终止，贯穿了一个人的一生。现在我们还经常把夫人尊称为太太，那么这个“太太”是怎么来的呢？它来自于周朝的三位女圣人，周文王的母亲太妊，夫人太姒，祖母太姜，这三位都是很有德行的女圣人，她们生育培养了圣贤的子孙。所以现在人把圣母太姜太妊的第一个字“太”字取来，尊称自己的夫人为太太，就是期许她们成为圣贤的母亲，培养出圣贤的儿孙。

早在周文王的母亲太妊怀孕的时候，她就非常重视胎教，做到了“目不视恶色，耳不听淫声，口不出傲言。”邪恶、怪癖的景象不看，淫词歌舞不去观听，口里所讲的话，都是很温柔的话，连傲慢的言语都没有，更何况骂人的粗鲁话呢？正是因为文王的母亲是一位圣人，所以她生出的孩子文王，也是一位圣人。现在我们讲胎教，很多人都以为是西方科技发展的产物，实际上中国在几千年前，就已经很重视胎教了。

一个孩子出生，眼睛一睁开，虽然他还不会说话，但是并不意味着他不在学习。父母的一言一行、一举一动都是他学习效仿的榜样。可是现在很多母亲不明白这一点，一边抱着孩子喂奶，一边还在骂人，一边说谎，一边生气，其实这些全都被孩子学到了。现在的孩子为什么这么喜欢说谎呢？因为他看到母亲经常做这样的事，拿起电话来听到对方说：“你的丈夫在不在家呀？”她的丈夫明明就坐在客厅那儿喝茶，她却说：“哦，我的丈夫他不在家，他出去还没回来呢。”这样的事情被孩子见多了，孩子就以为，原来是需要说谎的，说谎是可以解决问题的。结果他就学会了说谎。所以，父母的言行举止都是孩子效仿的榜样，不能够不谨慎。有人说，十几岁孩子身上的缺点、毛病、问题，都可以从他的父母，特别是母亲身上找到答案。为什么呢？因为这个是潜移默化的熏陶，不由自主都受到影响了。

家庭教育始从胎教，一直到命终的时候。《论语》上说："慎终追远，民德归厚矣。"意思就是谨慎地办理父母的丧事，追奠亡故的先人，这个民风自然而然的就淳厚了。所以，中国古人都有祭祀祖先的传统。每到春秋祭祀的时候，把全家族的人都召集在一起，干什么呢？宣讲祖先的德行和功绩，把历代祖先对国家、对人民、对社会所做的贡献宣讲出来，昭示后人。告诫后人作为他的后代子孙，一言一行，一举一动，都要小心谨慎了，不要让自己的言行给祖先抹黑。因此，这个祭祀强化的是一个人知恩报恩、饮水思源的意识。那我们再想一想，一个人连他的祖先都能够念念不忘，想着春秋去定时祭祀，对于眼前的父母，哪有不照顾的道理呢？他不可能一边去祭祀祖先，一边还在打爹骂娘，这个于情于理都是讲不通的。所以，"慎终追远，民德归厚矣。"道德教育是始从胎教，最后贯穿了一个人的一生。这是家庭教育，是道德教育的开始。

那么学校教育呢？学校教育是道德教育的延续。学校教育的内容很丰富，但是它教的首要内容应该是孝敬父母。我们想一想，现在的许多孩子为什么不知道孝敬父母呢？原因很简单，因为没有人教。我在小学、初中、高中、大学，没有哪一节课教过我应如何孝敬父母。但是中国古代的学校，第一堂课就是教导孩子如何孝敬父母，孝亲和尊师紧密地结合在一起。孝是由老师来教导的。孩子在家里，父母教他要尊敬老师；到学校，老师教他要孝敬父母。这样老师和家长一配合，这个孩子很容易教好了。

孝的内容很多，不仅仅要养父母之身，还要养父母之心，养父母之志，养父母之慧。很多孩子认为自己很孝顺，但这个孝都是按照自己的标准来衡量的。那么一个人怎样做才可以称为孝子呢？首先就是要赡养父母，但是仅仅赡养父母的衣食住行是远远不够的，还要养父母之心，也就是恭敬父母。在《论语》上记载，有一个弟子向孔子请教什么是孝。孔老夫子说："现在的所谓孝子，认为能够赡养父母，就尽到了孝道。但是对于犬马而言，它们也能够以自己的体力供养它们的主人。如果仅仅是赡养，而不尊敬父母的话，怎么能够和犬马养主人区别开来呢？"当然这句话也有人理解为：至于犬马，就是我们养狗养马也同样是养，如果赡养而不尊敬父母的话，怎么能够把养狗养马和养父母区别开来呢？不管采用哪一种说法，都能得到这样一个结论，即如果仅仅是赡养而不尊敬父母的话，那就和禽兽没有区别了。所以，最重要的是要从内心表达出对父母的感恩和恭敬之心。而养父母之心的另一个方面，除了尊敬父母之外，还要做到"父母唯其疾之忧"。也就是你的父母仅仅为你的疾病而担忧，完全没有必要为你的其他任何事情而担忧了，这才是一个真正的孝子。比如说，在小学的时候很贪玩，功课不好，会让父母担忧，这就是不孝。上中学之后，开始学会了上网吧，打游戏，整天沉迷于网络游戏，让父母担忧，这还是不孝。到了高中开始结交男女朋友，浪费了学习的时间，也让父母担忧，这仍然是不孝。到了大学，远离父母，但是心思不在学业之上，总是在吃喝玩乐之上，让父母担忧，这还是不孝。走上了工作岗位，工作不认真负责，动不动就把老板给“解雇”了。自己就喜欢当啃老族，吃不了苦，不愿意去做那些费心费力的事儿。所以，一不高兴就不侍候老板了，这样让父母担忧，这还是不孝。虽然自己身居一官半职，但是以权谋私、贪污受贿让父母战战兢兢，不知道哪一天东窗事发、锒铛入狱，这还是不孝。所以，从这些方面来看，为人处事，待人接物，工作学习，生活自主能力，全都能够让父母放心，这才是一个真正的孝子。所以，古人说“求忠臣于孝子之门”。也是因为这个孝子，他是一个德才兼备的人。这是养父母之心。

在《礼记》上记载着这样一个故事。担任乐正之职的子春，一次在下床的时候，不小心把自己的脚给伤到了。但是脚伤好了很久了，他仍然是闷闷不乐。他的弟子们看到了就问他说：“老师，你脚伤已经好了很久了，为什么还是面露愁容、郁郁寡欢呢？”子春就说：“曾子曾经告诉我们，父母生我们的时候，给了我们一个完完整整的身体，做儿女的要把这个身体完完整整地保护好，这才是一个孝子的本分。但是我这次却不小心伤到了自己的脚，所以感觉自己孝道亏失了。”他说，一个真正的孝子，每走一步路，每说一句话，都不敢忘记父母。如果一个人，真正做到了每走一步路都不敢忘记父母，那么有大道可行，他就不会走那些邪僻的小径；有舟可乘，就不会冒险游水过河，这都是不敢以父母给的身体去做危险的事。每说一句话都不敢忘记父母，所以就不会口出恶言。这样，忿忿不平的言语，也不会返回到自身，不辱没自己的身体，不使他的父母亲蒙羞，这才是一个真正的孝子。

所以你看，一个真正的孝子就是做到了一言一行、一举一动全都不让父母蒙羞，不让父母担忧。所以他怎么会不小心谨慎呢？这样养父母之心，才是一个能够让父母完全放心的人。除了养父母之心外，还要养父母之志。《孝经》上说“立身行道，扬名于后世，以显父母，孝之终也。”就是告诉我们，父母辛辛苦苦培养了我们，付出了很多，并不是仅仅希望我们在他前面端茶倒水、养老送终，他更希望我们能够立身行道，对国家、对人民、对民族有所贡献。这样的话，后世都能够称颂你，让你的父母感觉到很荣耀，光耀门楣，这才是把孝做到了极致。所以，大孝孝天下的父母，忠孝不能两全的矛盾是不存在的。当一个人竭尽全力为人民服务，为国家尽忠，报效祖国的时候，这是在尽更高层次的孝。那也是父母所期望的。

此外，还有养父母之慧。也就是说，父母并不是什么事都对，他也有说错、做错、想错的时候。当父母说错、做错、想错的时候，我们应该是什么样的态度呢？《弟子规》上就有教导：“亲有过，谏使更。怡吾色，柔吾声。”父母做错的时候一定要去劝谏，不能够让父母一错再错，陷父母于不义之中。但是，虽然父母做错了，你劝谏他的时候，一定要和颜悦色，不能因为自己是对的，父母错了，就可以对他们大吼大叫，声色俱厉，那就不是做儿女应尽的本分了。

《礼记》上说：“孝子之有深爱者，必有和气；有和气者必有愉色，有愉色者必有婉容。”一个对父母有深爱的孝子，是一心希望父母好的。所以，表现出来一定是对父母和颜悦色，愉色婉容。而不是希望他们听我的，他们不听我的，我就发火了。这还是控制的欲望，不是对父母有深爱的表现。所以，一个真正的孝子，做到了养父母之身，养父母之心，养父母之志，养父母之慧，这才是一个真正的孝子。这个孝是谁来教导的呢？就是老师来教导的。所以，父母会对老师特别的尊敬。

在古代，孩子要去上私塾的时候，都是由父亲带着他，并给老师带一些礼物，这都是表示对老师的尊重。见到老师之后，父亲带着孩子，先向孔子像行三跪九叩首的礼。这个三跪九叩首的礼是古代的最重礼。这样还不算，然后还请老师上坐，老师坐定之后，这个父亲又带着孩子，对老师行最重礼。为什么会有这样的仪式呢？这些全都是教育。在孩子的心目中，他最尊敬的人就是他的父亲，他看到自己的父亲对于老师如此敬重，那么他对老师的教诲还敢不遵从吗？那么老师教他什么？老师教他要孝敬父母。所以，孩子特别容易受教。现在有的孩子为什么教不好了呢？他在学校被老师批评，说得稍微有点重，他回到家里就告状。他的父母又不懂得教育，家长就去找校长，校长再去找这个老师。最后的结果是什么呢？这个孩子犯了错，老师也不敢再说他了，谁会自讨没趣，是吧？所以你看，这个孩子教不好，也是有它的原因所在。

社会教育是道德教育的扩展。古代社会教育都秉持了孔老夫子理念，那就是“思无邪”，不要引起人们邪曲不正的思想、行为和念头。社会教育就是指诗乐舞、戏剧小说，这些都是以“孝悌忠信、礼义廉耻”为内容。所以，古代有很多妇女没有看过经书，但是她为人知道忠孝节义，从哪里学到的呢？都是在看这些地方的戏曲表演，民间的艺术表演、文艺表演时学到的。我们现在的社会教育，由网络、广播、电视、报刊、杂志等承担。现在家家户户都有电视，就等于把一位老师请到了家里，电视上播放什么，我们的孩子就受到什么样的教育。但是遗憾的是，现在的电视、网络、广播等等，内容多是娱乐至上，让人怎么样追求富裕、豪华、享乐、花前月下的生活，甚至还有打打杀杀、争权夺利、尔虞我诈、勾心斗角的内容，这怎么能让孩子学好呢？在中国古代，制礼作乐的目的，不是满足人们耳目口腹的欲望，而是教导人们形成正确的好恶之心，返回到做人的正道上来。比如说音乐，我们应该流行什么样的音乐呢？在《吕氏春秋》上对乱世的音乐做了这样的描述："乱世之乐，为木革之声则若雷，为金石之声则若霆，为丝竹歌舞之声则若噪。"这句话翻译过来很有意思，说乱世的音乐，我们演奏木质、革质的乐器，声音就像打雷；演奏铜质、石质的乐器，声音就像霹雳；演奏丝竹歌舞之乐，声音就像大嚷大叫。"以此骇心气，动耳目，摇荡生，则可矣。"以这样的音乐来惊骇人的心气，摇动人的耳目，动荡人的性情，是可以办到的。"以此为乐，则不乐。"如果以此作为音乐来演奏，绝对不可能给人带来真正的快乐。"故乐愈侈，而民愈郁，国愈乱，主愈卑，则亦失乐之情矣。"所以，音乐越是奢侈，人民越是抑郁，国家越是混乱，君主的地位越是卑微。也就失去音乐教化的本质了。

《吕氏春秋》这一段话，对我们来说是非常大的警醒，它告诉我们"移风易俗，莫善于乐"。孔老夫子到一个地方，他没有问这个地方的政事办的如何，首先听一听流行什么音乐，大家喜好听什么音乐，就知道这个地方的民风如何了。

除了音乐，像诗词歌舞、戏剧小说，以及现在的电影、电视剧，都应该起到道德教化的作用，都应该宣扬“孝悌忠信，礼义廉耻，仁爱和平”的内容，而不应该把暴力色情的内容充斥在节目之中，否则就会使人误入歧途。

在中国古代，社会教育是由谁来承担的呢？是由儒释道三家共同来承担的。我们可以从寺院的起源看一看佛教的本质是教育。“寺”原本是皇帝之下设的一级办事机构。我们都知道，在汉代的时候，皇权和相权区分得很清楚。皇帝下设的一级办事机构称为寺，他的最高长官称为卿。在古时候有九卿之说。在宰相下面的办事机构称为部，像吏、户、礼、兵、刑、工等部，其长官称为尚书，副长官称为侍郎。汉代的外交是由皇帝来主管，具体由鸿胪寺来负责。外国的僧人到中国来传法，都是皇帝派人礼请来的，来了之后就住在鸿胪寺。这些僧人和皇帝、大臣一交流，皇帝、大臣就对佛法非常赞赏，希望他们不要再回去了，留在中国长期宣传佛陀教育。但是鸿胪寺是接待短期来访的客人的，长期住在这里就不方便、不合适了。那怎么办呢？皇帝下令，在九寺之外增设一个寺，专门宣传佛陀教育。这个寺就是白马寺，在东汉的首都洛阳。为什么取名叫白马寺呢？因为当时的交通不便利，经书、佛像、僧人都是由白马万里迢迢驮来的，所以白马非常累，在途中就累死了，为了纪念白马的功劳，所以取名为白马寺，以示纪念。这就是把教育落实在生活之中。它提醒我们，即使是畜生，对我们有功，都要念念不忘，更何况是人呢？

白马寺建成之后，在此主要做了两件事。第一，就是把外文的佛经翻译成中文；第二就是解释经中的意思，指导修学。从此白马寺就成了佛陀教育的机关。

有的人可能又问了，既然寺院是佛陀教育的机关，为什么我们到了一个寺院，又看到很多的佛像、菩萨像，让人一看就是“偶像”崇拜，把它就和宗教联系起来了？其实，这是由于佛教是一种高度艺术化的教学方式，它是把一个学校的教室、博物馆、图书馆完美地结合在一起，让你所看到的、听到的、接触到的，无一不是提起你的正知正见。这都是教育。所以这个塑像摆在这里是做什么的呢？是中国古人纪念祖先，供奉祖先的牌位；尊敬孔子，供奉孔子像，拜孔子。为什么要拜孔子？第一是纪念老师，第二是见贤思齐。看到老师的塑像，就想起老师的教诲，这都是起到纪念和提醒的作用。这种高度艺术化的教学方式，能够为古人所了解。比如说在汉地，一个正规的寺院，一进山门，第一个建筑物一定是天王殿。天王殿里供着四尊天王。东方持国天王，手里拿一把琵琶，琵琶是乐器，在这里起表法作用。它告诉我们做事要负责尽职，要“无过无不及”。就像琵琶的弦，如果绷太紧了就会断掉，如果太松了，又弹奏不出美妙的声音，只有调得适中，美妙的声音才出现。儒家讲的中庸，佛家讲的中道，都是告诉我们无过无不及的道理。所以东方持国天王是在教导我们做事要负责尽职，要把事情做得尽善尽美，“无过无不及”。南方增长天王，顾名思义，增长天王就是要求进步，无论你的学识、你的生活品质，还是你的道德，每一天都要有进步。所以，佛教并不是像现在的一些电影、电视剧所描绘的那样，个人感情上受到了伤害，或是事业上遇到了挫折，最后才遁入空门，了此残生。这都是我们现代人的误解。增长天王教导我们要求进步，他手里拿着一把剑，剑在佛教是智慧的意思，快刀斩乱麻，宝剑也是断烦恼的意思。唯有真正的智慧，才能求得真正的进步，否则你虽然很努力，但是你选择的方向错了，越走得快，离你的目的地就越远。所以，智慧很重要。

古时有一句话叫“无事不登三宝殿”，什么意思呢？三宝就是指佛、法、僧，三宝殿就是指佛教的寺院。佛教的寺院大都是建筑在风景秀美而幽静的地方，以利于修行。古代的交通不是很便利，一个人要去寺院求见高僧，那一定是有自己解决不了的困难，所以他才要跋山涉水，经过好几天的跋涉，去向高僧求教。这就叫“无事不登三宝殿”。这也从一个侧面说明了古代的出家人都是很有学问、很有道德的人，那些做官的人有事也要向他们请教。因为高僧在静处，静能生定，定能生慧，他们的问题人家一看就知道的，点拨几句，你就一下子豁然开朗。这个是增长天王，告诉我们要用智慧才能求得真正的进步。否则，你朝九晚五，非常忙碌，但是烦恼越来越多，前途也越来越渺茫。

西方广目天王、北方多闻天王，从这两尊天王的名号上我们就知道，他是教导我们要多看、多听。不仅要读万卷书，还要行万里路，到别的地方参观考察，好的地方加以汲取、借鉴，不好的地方予以摒弃。以此来建设我们的国家，这个国家才是世界上最好的国家。

广目天王身上缠着一条龙或者是一条蛇。龙和蛇都是变化多端的动物，他告诉人们，世间的人事物都是变化莫测、变化无穷的，你不要被表象所迷惑。另一只手拿的是一颗珠子，这个珠子代表的是不变的规律。告诉人们只有以不变应万变，才不至于被表象所迷惑，看得清事实的真相。

多闻天王手里拿一把伞。伞代表的是遮蔽。你去读万卷书行万里路、广学多闻的时候，不要好的也学、不好的也学，要知道选择，懂得遮蔽，遮蔽污染。我们搞改革开放，确实向西方学到了一些先进的东西，也促进了经济的繁荣和发展，但同时西方的一些不健康的价值观和生活方式也进入了国门。这就是不懂得遮蔽污染所导致的。如果你懂得了其中的道理，你在这个殿里走一圈，不用别人说一句话，你已经受到了提醒，受到了教育。看到持国天王，就反省自己是不是负责、尽职了。看到增长天王，就反省，我是不是每一天都求进步，“苟日新，日日新，又日新”。看到广目天王和多闻天王，就提醒自己，是不是广学多闻，同时又能够遮蔽污染呢？

中国古代的音乐、雕塑，乃至于建筑，也全都有教育的含义。比如，中国有四大菩萨，九华山的地藏菩萨代表的是孝亲尊师。地就是大地的意思，藏就是宝藏。大地能够承载万物，含藏有丰富的矿产，这是形容什么呢？形容我们的心地也含藏着无量的宝藏，有无量的智慧、无量的德能、无量的相好。但是用什么来挖掘这个宝藏呢？地藏菩萨告诉我们，要用孝亲尊师来开采这个宝藏。普陀山供奉的是观音菩萨，观音菩萨代表的是慈悲。也就是我们把对父母老师的孝敬、感恩、恭敬，扩而广之，来对待我们身边的一切有缘人。这就是观音菩萨所代表的大慈大悲。五台山文殊菩萨代表智慧，也就是我们应用慈悲的时候，不能够没有智慧。佛家讲“慈悲为本，方便为门”，同时又有一句话说“慈悲多祸患，方便出下流”。为什么会慈悲多祸患呢？因为慈悲里边如果没有智慧，你本来是好心帮助别人，但是你却可能助长了别人的懒惰，助长了别人的贪心，还助长了别人爱占便宜的心，这就是多祸患了。峨眉山的普贤菩萨，代表的是行愿。古代人也称大行普贤菩萨。也就是说你把地藏菩萨所代表的孝亲尊师、观音菩萨所代表的大慈大悲，文殊菩萨所代表的智慧，运用到每一天的为人处事、待人接物之中，这就是普贤菩萨的含义了。

所以，看到这些菩萨的塑像，你不要以为给他供一些水果，给他顶礼，他就保佑你了，而是要学到他们的精神。那么供观音菩萨有什么意义呢？就是让你看到观音像就提醒自己，要对他人心怀仁慈，这才是供佛像真实的意义。我们现在有些人却把佛教变成了迷信，甚至有些领导干部，一边贪污受贿，一边去供僧，去供斋，去供养寺院，回来之后，仍然是贪污受贿，违法乱纪。最后东窗事发，锒铛入狱，他还抱怨说这佛菩萨不灵。这不是佛菩萨不灵，而是他把佛陀的教育变成了迷信。所以，佛陀就像孔子一样，他对弟子的帮助是通过教育，你能够按照他所说、所教诲的去做，才能够让你幸福美满，吉祥如意。

再看建筑，过了天王殿就来到了大雄宝殿。这个大雄就是大英雄的意思。在西方人的眼里，可能是战胜千军万马的人才能被称为大英雄。但是在中国人的心目中，谁能称得上是大英雄呢？战胜自己的人是大英雄，能够战胜自己烦恼习气的人，才是无往而不胜的。比如有的人喜欢喝酒，有的人好色，有的人喜欢打游戏，喜欢上网，甚至吸毒、赌博，就是改不了。战胜不了自己的习气，怎么能成就呢？怎么能成为大英雄呢？能够战胜自己烦恼习气的人，才能够战胜一切外部干扰和诱惑，这个人才能被称为大英雄。

大雄宝殿从外边看是两层，但是当你进入大殿会发现，并没有两层楼可上，只有一层。从外面看是两层，到里边是一层，其代表的意思是真俗不二，佛法和世间法是一不是二。

有一句话说："佛法在世间，不离世间法，不坏世间法。"在《梵网菩萨戒经》中有对学佛人的教诫，"不做国贼，不谤国主"。在《璎珞菩萨戒经》中，也有两条这样的教诲，"不漏国税，不犯国制"。这是佛陀对弟子的教诫。教诫他们什么呢？不要出卖国家的利益，不能够做卖国贼，不能毁谤国家的各级领导人，不能够偷税漏税，也不能够触犯国家的各种法治规章。我们从这里可以看到，一个真正依教奉行的佛弟子，是这个社会最好的守法公民。这叫"佛法在世间，不坏世间法"。同时，佛法在世间，也"不离世间觉"。真正学佛的人，不一定非得到深山老林中去隐居修行，他也可以就在这个世间来修行，像"百花丛中过，片叶不沾身。"一个人在百花丛中走过，他不是觉得这个花很好看，停下来去欣赏一下，觉得这个花香很好闻，他受到诱惑，闻一闻。一个真正的修行人，他在百花丛中走过，也不会受到丝毫的诱惑和沾染。所以，世间人所做的事，他都可以做。他和世间人所不同的是什么呢？就是他的心没有受到任何染污。

佛法传到中国之后，受到很多文人墨客和政府官员的追捧，很多人都成为在家学佛的居士。比如苏轼是东坡居士，李白是青莲居士，白居易、林则徐、梁启超，还有孙中山等，都是在家学佛的居士。白居易在做杭州太守的时候，有一次向鸟窠禅师去请教说："佛教最重要的教诲是什么？"鸟窠禅师回答说："诸恶莫作，众善奉行，自净其意，是诸佛教。”白居易饱读诗书，觉得这句话太简单了，他说：“三岁小孩都知道。”鸟窠禅师回了他一句：“八十老翁做不得。”意思是说，佛、儒、道，其实都强调知行合一，解行相应。如果只知道道理而做不到，那不叫真知，真正知了，那就一定能够做到。所以他们都强调知行合一。

《中庸》上也说“博学之、审问之、慎思之、明辨之”，最后还有一个“笃行之。”如果没有身体力行，圣贤人的教诲，无论如何都不能够契入。 学佛、学儒、学道都不是谈玄说妙，不是说你讲得天花乱坠就可以了。你所讲到的必须能做到，这才是真正的学问。

还有宗教教育。这个是指国外的新教、伊斯兰教、天主教等，他们的核心都是仁慈博爱。所以，当他们要到中国来传教的时候，中国的皇帝很高兴，欢迎你们来传教。只要你守法，把你的经义讲解出来，让大家都受到良好的仁慈博爱的教育，皇帝也很支持。

这四种不同的教育形式，共同配合，才把人给教好了，社会也变得安定和谐了。

（五）保障有力

第五个特点，保障有力。中国古代的道德教育，并不是空洞的说教，而是通过各种制度建设来保障实施的。比如说，从教育制度上，中国古代都有庠序，有太学。这个庠序就是在乡一级设立的学校，太学就是在国家设立的大学，他们的教育内容都是仁慈博爱。所以，古人从小接受的都是圣贤教育、道德教育，是长善救失的教育。

在考试方面，隋唐时实行了科举考试，他们考试的内容都是经典。

《大学》开篇就说，“大学之道，在明明德”。《论语》上也说：“士不可以不弘毅，任重而道远。仁以为己任，不亦重乎？死而后已，不亦远乎？”他们从小受到的都是这样的教育。那你要考试的话，也要通达这些经典，所以你必须要去学习。中国古代的用人制度特别的合乎人情，像孔老夫子知道，富与贵都是每一个人所向往的，谁不喜欢追求高贵的地位，不希望富裕起来呢？这是人之常情。所以古代的人设置制度，也是顺着人情来设置的。《群书治要·傅子》记载，选举制度有这样一个原则，那就是“爵非德不授，禄非功不与”。没有德行的人就不授予爵位，换句话说，你没有德行，你就不能当领导，而且你的德行越高，你的领导位置就越高。“禄非功不与”，俸禄，也就是我们现在所说的工资奖金等，你没有对国家建功立业，就不给予。那么这样一个原则一设立，人们不是去追求富贵，而是追求德行，追求建功立业。就把人们的注意力转移到培养自己的德行，对国家多做贡献上了。这就是一个很好的选举制度。

汉代实行了举孝廉的人才选拔机制，地方官负责把这个地方具有孝廉品质的孩子举荐出来，由国家培养，作为官吏的候补。因为这个孩子孝，就会对国家忠，他廉洁，就没有贪心。而为了使这个地方官能把真正具有孝廉品质的孩子举荐出来，而不是把自己的亲朋好友举荐出来，还有一个奖惩制度加以保证，那就是“进贤受上赏，蔽贤蒙显戮。”官员所推荐的人，对国家确实建功立业了，推荐者就会受到国家最高的赏赐；相反，你手下有人才，却因嫉贤妒能被埋没了、蒙蔽了，这样的人，就会受到国家最高的惩罚。这样的制度设计，地方官都会竭力把德才兼备的人推选出来，那么这个国家想不和谐都很难。

还有法律制度，比如《孝经》上讲“五刑之属三千，罪莫大于不孝。”刚才我们讲了孝很重要，必须从法律上加以保证。对于不孝的人，要依法惩处，而且是要严惩。古代的道德教育之所以得力，恰恰是通过各种制度来保证推行的，所以它保障有力。

（六）次序合理

第六就是次序合理。道德教育从哪里开始入手呢？中国人讲百善孝为先。为什么讲百善孝为先呢？因为一个人如果不孝敬父母，他一生有一个重要的处世原则就没有树立，那就是恩义、情义、道义的处事原则。假如这个处事原则没有树立，那么取而代之的就是以利害为取舍，来为人处事、待人接物，这样的人往往会做出见利忘义、忘恩负义的事。为什么会出现雷锋精神三月来四月走这样的现象呢？因为雷锋精神代表的是全心全意为人民服务，它是道德大厦的第五层，甚至是第六层了。但是连道德大厦的基础，孝敬父母、尊敬师长都没有建立，怎么可能有第五层、第六层呢？所以一个人连父母都不能去孝敬，不能够真心实意地去感恩付出，同情、帮助，那么他对于陌生人怎么可能发自内心的加以关爱呢？《孝经》上说，一个人不爱他的父母亲却爱别的人，这是和德行相背离的。一个人不尊敬他的父母，却去尊敬别的人，这也是和礼的要求相背离的。

（七）方法有效

第七个特点，就是方法有效。什么方法有效呢？在《说文解字》

上，对良好有效的道德教育，用一句话给概括出来了，那就是"教，上所施，下所效也。"上面怎么做的，下面跟着怎么效仿，就是良好有效的道德教育了。这个"上"，在家就是家长，在学校就是老师，在国家就是领导者。现在很多人说这个孩子不好管，怎么说都说不听。为什么会这样呢？因为我们平时都是在用言语来教育孩子，没有用实际行动去做。比如说我们逢年过节的时候大家在一起团聚，这个父母夹起菜首先就放在了孩子的碗里，他的爷爷奶奶看到了，也夹起菜往孙子的碗里放。从这个小小的动作来观察，这一家谁是核心？孩子是核心。小公主、小皇帝自然被养出来了。没有人生来就是小公主、小皇帝，都是我们做父母的不会教，把他教成了小公主、小皇帝。这个教主要是身教，而不是言教。"身教者从，言教者讼。"你只是用言语去教导他，自己都做不到，他就跟你起争讼。孩子的逆反心理就是这样产生的。而你一句话都不说，在日常生活中表现出孝敬父母给他看，他自自然然就知道了如何去孝敬父母。治理国家、管理百姓也是如此。孔老夫子强调："在位者的德行像风，一般百姓的德行像草，风向哪边吹，草就会向哪边倒。"实践证明，上行则下效。"大臣不廉，小臣必污；小臣不廉，风俗必败。"所以，领导者和教育者要先受教育，这才是道德教育的根本。

（八）重点突出

第八个特点就是重点突出。家庭教育、学校教育、社会教育都是教导人"行有不得，反求诸已"。任何事做的不理想、不成功，没有达到预期的理想目标，不要去责怪别人，应该马上反回来反省自己。如果人人都做到了遇到事情都反省，这件事我哪儿做得不好，我应该承担什么责任？那么就会“各自责，天清地宁”，天下太平。

正是这八个特点，使中国传统的道德教育，能够深入人心，行之有效。这些特点，也是我们今天进行道德教育特别值得吸取和借鉴的。

（根据作者2015年7月、2016年9月在联合国教科文组织巴黎总部的两次发言《从群书治要看圣贤教育的重要性》《从群书治要看如何进行道德教育》整理）

第四讲
传统文化与中国式管理

尊敬的诸位学员、诸位朋友，大家好！

今天很高兴和大家一起学习儒家文化与中国式管理。说到最先进的管理，大家首先想到去哪里学习呢？很多人想到去美国，有的想去日本，有的想去欧洲学习。很少有人知道，其实最先进的管理在中国。在改革开放之后，一些企业家盲目向西方学习，万里迢迢坐飞机到美国，要向通用公司学管理。通用公司的人很谦虚，他说我们这一套管理都是从日本丰田公司那里学来的，你们不如到日本去学，学得更加直接。结果这一群企业家又乘了飞机，万里迢迢地飞到了日本。可是他们来到了丰田公司的大门口，还没有进门的时候，就看到在门口赫然写着几个大字，他们还都认得。写的是什么？写的是“已所不欲，勿施于人。”二战之后，在日本凡是稍有成就的企业家，可以说无不是熟读《论语》。比如在日本被誉为“日本企业之父”“日本金融之王”“日本产业经济最高指导者”的涩泽荣一，就是一手执《论语》，一手执算盘，开创了日本儒家式企业经营之风。

导言　君仁臣忠的理念造就经营之神

松下幸之助之所以成为“经营之神”，就是因为他把儒家文化中的一句话落实到企业管理之中，那就是“君仁臣忠”。君就是领导者，臣就是被领导者。领导者仁爱，关心属下；属下竭尽全力完成领导交给自己的工作任务。这就是“君仁臣忠”。

松下幸之助是怎么做的呢？有这样一个故事。松下幸之助的一位厂长，有一天没来上班，恰恰在这个时候企业发生了火灾，烧毁了大片的厂房，企业受到了很大的损失。知道这件事情之后，松下幸之助没有马上去兴师问罪、追究责任。他马上就去调查原因，这一个厂长为什么没有来上班？结果一调查才知道，他的母亲得了重病， 住进了医院。厂长是一个孝子，去照顾母亲了，所以没来上班。知道这件事之后，松下幸之助马上就带着礼物亲自来到医院，探望这位厂长的母亲，并且安慰他说：“你的母亲得了重病，住进了医院，可是这一件事我却没有关心到。你就全心全力把你的母亲照顾好，这件事不必担心，等你的母亲出院之后再说。”后来，厂长的母亲康复了，他又回到了企业。松下幸之助是怎么做的？松下幸之助只是给他调换了一个岗位，仍然是委以重任。因为他知道这个厂长平时都是认真负责，竭忠尽智。这一次是有不得已的苦衷，是因为他最亲爱的人、对他恩德最大的母亲住进了医院。

那么他去照顾母亲，也是天经地义、人之常情。他对属下做到了仁至义尽，那么属下应该怎么回馈他呢？我们想一想，如果我们遇到了这样一位领导，对我们这样的期望、信任、关怀，那我们应该以什么样的态度回馈领导者的信任？我想任何一个正常的人，都会竭尽全力完成领导交给我们的工作，让他放心。

所以"君仁臣忠"的理念，让松下幸之助成为"经营之神"。这也是我们中国古人所说的"得人心者得天下"。"求忠臣于孝子之门"，现在很多人都觉得很可笑，但是在松下电器商学院的培训之中，却是把儒家的孝敬观念渗透到管理之中。

在网上有一篇来自于《参考消息》的文章，题目叫《松下电器商学院的一天》。松下电器商学院是为松下集团培养销售经理的一年制商业大学，自1970年创办以来，为松下公司培养了三千多名专业人才。那么这一天是怎么度过的？我们把其中重要的几段来给大家念一下。这篇文章这样写到：

6:10，全员集合，点名之后各个学员面向故乡遥拜父母，心中默念："夫孝，德之本也。身体发肤，受之父母，不敢毁伤，孝之始也；立身行道，扬名于后世，以显父母，孝之终也。"

7:10，早饭，每顿饭前，全体正襟危坐，双手合十，口颂五观之偈。

一记：此膳耗费多少劳力。

我们吃这一顿饭，你看一碗米饭，农民要买来种子，播撒在地里，然后要施肥、浇水、除草，还要经过各种耕作，最后才有秋天的收获。秋天收获的时候也不知道在这个过程中倾注了多少劳力。收获之后又把它包装起来，再运到超市，超市的人又要把它摆放在超市的柜台之上。我们的这些后勤人员又要去采购，把它买回来，要把它洗干净，放在锅里，把这个饭焖好，再由服务员端到我们的面前。所以你想想，看似简单的一碗米饭，当端到我们面前的时候，不知道付出了多少人的劳力和汗水，怎么能够随意浪费？

二记：自己是否具有享受此膳之功德。

回想一下我们一天的所作所为，我们是不是具有享用这一碗饭的功德。

三记：以清心寡欲为宗。

不要有太多的贪欲，贪财、贪色、贪名、贪利，任何过分的贪着都会给自己招致危险。所以要以清心寡欲为宗，这样才能够心地清净、头脑理智，才不会利令智昏、欲令智迷。

四记：作为健全身心之良药，享用此膳。

为什么要吃这碗饭？不是为了满足口舌之欲，是为了使身心健康，能够有充沛的体力为人民服务，为国家做贡献来吃这一碗饭的。

五记：为走人之正道享用此膳。

享受了这一碗饭之后，要弘扬正道，要自己身体力行走在正道之上，不能去做邪恶不正的事情。饭后还要双手合十，颂念：愿此功德，广播天下，吾于众生，共成道业。

我们现在人，看了这样的仪式，可能会觉得是形式主义，甚至还有一些宗教色彩。但是，松下公司把它汲取来了，运用在企业的管理和培训之中。

7:50，商业道德课，学习《大学》《论语》《孟子》和《孝经》，树立经商之道在于德的思想。中间还有很多的环节，到了晚上10: 17点名，全体学员面对着父母的照片、挂相。干嘛呢？感谢父母的养育之恩。10: 20，全体正襟冥想，总结一天的收获。

这是松下电器商学院一天的培训内容，大部分都是感恩，感谢父母养育之恩。这就是把“孝”的教育渗透在生活的点点滴滴。一个人能够经常想到父母，他的一言一行、一举一动都会非常谨慎，都不能辱没父母的名声，他怎么会不小心谨慎？所以中国古人说的“求忠臣于孝子之门”，松下公司把他运用得淋漓尽致。而且效果怎么样？它使松下幸之助成为“经营之神”。

“君仁臣忠”的理念，用《孟子》的一句话来说就是“君之视臣如手足，则臣之视君如腹心”。领导者把被领导者视为手足，那么被领导者会加倍回馈。相反，“君之视臣如犬马，则臣之视君如国人”。领导者把被领导人雇佣来了，就把他当牛作马地使唤，下了班之后，这个员工在超市里遇到了老板，会是什么表现？都是一低头装没看见就过去了，就像看到了一般的陌生人一样，没有什么亲近感。更有甚者，“君之视臣如土芥，则臣之视君如寇仇”。领导者把被领导者的生命看得像泥土和小草一样，随意践踏，就像很多的煤老板，把矿工雇佣来了，连最起码的生命安全都不能给予保证，只想着榨干他的最后一滴血汗，结果怎么样呢？“则臣之视君如寇仇。”这个员工说起老板，都像敌人一样痛恨，说我们那个老板简直就是个吸血鬼，甚至连吸血鬼都不如。

我们从这里可以看到，一个好的领导者，对于员工的态度是“作之君，作之亲，作之师”。不仅仅要领导他、管理他，还要像亲人，像父母关爱儿女一样关爱属下。当然现在我们看到很多的父母也很关爱儿女，但是他们为儿女付出了多少，儿女都认为是天经地义的事，不仅毫无感恩之心，反而还认为理所应当。这是什么原因？因为做父母的没有起到师的作用，没有教导他正确的为人处事、待人接物的态度。所以你还要当他的老师，培养起他的感恩之心。感恩之心从哪里培养起来的呢？还是要培养他的孝心。如果一个人连父母的养育之恩都不能记在心上，念念想着去报答，那么他对于老板的关爱，对于陌生人的资助，又怎么可能会感恩戴德呢？所以君亲师这三个角色都承担好了，才是一个合格的受人爱戴的领导者。

我们也知道，松下幸之助是“经营之神”，稻盛和夫被称为“经营之圣”。稻盛和夫的管理被誉为“21世纪的管理”，他的书也非常畅销，很多年轻人都非常喜欢看。中央电视台采访他的时候，他是怎么说的呢？他说我不过是把中国传统伦理道德的理念运用到管理之中了，这是因为我年轻的时候，学习了孔子、孟子这些圣贤人的著作，才成就了今天的我。稻盛和夫在短短一年多的时间内，拯救了濒临破产的日航，而且在一年之后使日本航空公司成为所有航空公司之中效益最好的一个。他创下了三个世界500强的企业，靠的是什么？靠的是儒家的经典，孔孟的智慧。

20世纪末亚洲发生了金融危机，遇到了金融危机，企业资金都很紧张，很多企业老板拿不出钱支付员工的工资。这个时候西方的企业出现了什么情况？西方人都讲人权，你不支付我工资，侵犯了我的人权，那对不起，我就要罢工，甚至去示威游行。结果这种举动使企业雪上加霜，很多西方的企业在这个期间纷纷破产倒闭。但是诸位朋友，你们知道韩国的员工是怎么做的吗？韩国的员工不仅没有去罢工、示威、游行，反而把他们平时的积蓄、存款全都拿了出来交给他们的老板说："老板呀，这几十年来，我们之所以有个稳定的收入养家糊口，衣食无忧，都得益于您对我们的关爱。现在企业遇到了困难，我们愿意和您同舟共济，共度难关。这些钱您先拿去用，等企业经营状况好转之后再说，您不必担心。"我们看到韩国员工这样感人的一幕，是不是觉得既感到熟悉，又十分陌生？熟悉的是我们看到了中国传统文化的影子。比如说我们看民国时候所拍的电影，这个主人家道衰落了，他的仆人不是说毅然离他而去，不再伺候他了，反而是坚定地跟着这个主人，不离不弃，真是同甘共苦，荣辱以共。所以这一种忠义，这一种情义，这一种恩义，让我们深深地感动和熟悉。为什么我们又感觉到十分陌生？假设今天我们的企业遇到了拿不出工资的情况，我们的员工会不会做出像韩国员工这样感人的举动呢？我们都没有把握，没有信心。原因何在？原因就在于我们在"文革"时期对传统文化的过度批判，使我们对传统文化的误解也达到了顶端。所以，一谈到传统文化，就扣之以封建、落后、糟粕、愚昧的帽子，还说这是统治者愚昧人民的精神鸦片。

在四大文明古国中，唯有中华文化屹立在世界的东方长达五千年而不衰，绵延至今。但是当我们说起自己的文化，有些人却是不屑一顾，甚至把它批得体无完肤才过瘾。正是因为这样一种对传统文化的错误态度，导致了我们一度丧失了对自己文化的自信心。

我们很多人都是做企业的，我们不妨拿管理企业来做个比喻。一个企业有两百年的历史，另一个企业有五千年的历史，请问我们要去学企业管理，我们应该向谁去学习呢？我们当然选择向五千年的老字号去学管理。因为一个企业经过五千年的发展，仍然经久不衰，肯定有他强大的生命力。但是，我们经历了对传统文化的误解和批判之后，导致了我们这样一个有着五千年文明历史的国家，要向一个只有两百年历史的国家去学管理。当然，一个有两百年历史的国家也一定有它的成功之处，但毕竟没有五千年文明历史的国家更经得起历史的考验，更经得起风吹雨打。

在美国金融危机过后，很多企业家就茫然了。我们以前做企业，都是向美国的雷曼兄弟学习。现在他们都垮掉了，我们还应该向谁去学习呢？我们也看到有一些开明的企业家，他们把目光投向了具有五千年文明历史的中华文化，运用中华文化创下了中国式管理的很多成功案例。当这些成功案例出现在大江南北的时候，才让我们稍稍恢复了一些对中华文化的信心。所以，中国式管理确实有它的独到之处。我们把它概括为五个方面：一，治国之道；第二，管理之道；第三，致富之道；第四，理财之道；第五，道中之道。

一、治国之道

首先我们看治国之道。也就是说，怎么样才能使一个国家安定和谐呢？大道至简。

《论语》告诉我们，只要把四个字做好就可以了，那就是“富之教之”。这个“富之”就是解决人们的温饱问题，使人民衣食无忧、安居乐业。人们吃饱穿暖了之后，要给他们以良好的伦理道德教育，让他知道自己在伦理关系中的责任和本分。这四个字做好了，社会不就安定和谐了吗？有那么复杂吗？

儒家从来没有抛开物质基础，去空洞地谈道德教育。《孟子》上就这样说，我们现在所规定的田产制度，让人上不足以侍奉父母，下不足以蓄养妻子、儿女，年头好的时候也要终日劳苦奔波，年头不好的时候就不免于冻死饿死。在这种情况下，人们死里逃生还来不及，谁还有工夫去讲道德、明礼义？你看，儒家从来没有说，我们可以空着肚子去讲道德。而且认为追求富贵是人之常情，像《论语》上孔老夫子也说，“富与贵，是人之所欲也，”试问哪一个人不希望自己生活富裕，不希望自己身处高位、受人尊敬呢？这是每一个人都想得到的东西。但是他同时强调“不以其道得之，不处也。”如果让我用不道义的方式，用欺骗的方式、坑蒙拐骗的方式、贪污受贿的方式，获得“富与贵”，那我宁愿不接受富贵。所以他强调的是“君子爱财，取之有道”。而且他还说“不义而富且贵，于我如浮云”。如果通过不正义的方式、不道德的方式获得富贵，这对我而言就像天边的浮云一样。这个意思很深刻，因为浮云聚散无常。不义之财，古人又称为“凶财”。用不正当的方式获得的财富，那也不可能常保，就像浮云一样，来得容易去得也很容易。这句话的意思也可以理解为，用不道义的方式获得的富贵，对我而言就像天边的浮云一样，本来就不属于我，和我毫不相干，我是绝对不会去这样做的。所以孔老夫子所反对的是用不道德的方式去获得富贵。

改革开放后，一部分人追求物质财富的增长，追求“富与贵”不择手段。结果怎么样呢？网上有这样一篇文章——《中国人彪悍的一天》。这篇文章这样写到：“早上醒来，先用二甘醇超标的牙膏刷牙，再用发臭的蓝藻水洗脸，给儿子冲一杯碘超标的奶粉，自己喝一杯黑作坊的豆浆，吃几个硫磺熏白了的馒头，加点废油漆桶腌制的榨菜，包里放一个2005年的粽子，吃饱喝足出门，深吸一口重度污染的空气。中午跟同事一起吃一顿苏丹红的炸鸡，喝杯苯超标的可乐，晚上约朋友出来吃了顿地沟油炒的菜，来一盘避孕药催大的鱼，再来一盘臭水沟捞来的麻辣炸虾，还有一个农药高残留的清炒菠菜。最后老板上了一杯重金属超标一百倍的绿茶，再喝点含甲醛的啤酒，算账的时候找回了一张假币。”这还没有完，后面还有：“晚上睡觉的时候，被刚装修完的赠品甲醛呛得眼泪直流，只好把脑袋蒙到黑心棉被里面。想起房子还有40万的贷款加利息，辗转反侧到半夜都睡不着，找安眠药吃了半瓶也没用。含在嘴里，哦，原来是糯米片。”

当然，一个人从早到晚遇到这许多戏剧性的遭遇，确实有点太夸张了。但是这里边所描述的种种情况，都不是作者自己杜撰出来的，这些情景全都发生在我们的现实生活之中。现代人确实过着经典上所说的“饮苦食毒”的生活。这是什么原因所导致的呢？就是我们做到了“富之”，却忽视了“教之”。

在《展望21世纪——汤因比与池田大作对话录》这本书中，汤因比先生和池田大作先生有一段对话：他说，人类的生存没有比今天更危险的时代了，这种对人类生存的威胁，是人类自己招致的。如果人把自己的技术滥用于利己主义、邪门歪道和罪恶目的，就有致命的危险。正因如此，它才远比地震、火山爆发、暴风、洪水、干旱、病毒、细菌，还有鲨鱼和猛虎更加危险。但是我们认识到这种危险了吗？我们很多人并没有认识到这种危险。比如说当地震来临的时候，当自然灾害发生的时候，我们全国上下严阵以待，高度重视。当然，这个关系到人民的生命安全，这样重视是非常必要的。但是与之相比，由人的道德沦丧所导致的社会问题，所导致的对人类安全的威胁，我们却没有给予足够的重视。所以，汤因比先生就强调说，这种人的自私自利与邪恶所导致的危害，其实比这些自然灾害所导致的危害还要严重，还急需我们来重视和解决。这是第一个，治国之道，“富之教之”。

二、管理之道

第二个问题，我们讲一讲与此相应的管理之道，那就是“礼主刑辅”。

《汉书·贾谊传》上说：“礼者，禁于将然之前；法者，禁于已然之后。”伦理道德的教育，礼义的教化可以防患于未然，而法律的制裁则是给予事后的惩罚和补救。为什么古人特别重视伦理道德的教育，礼义的防范？因为如果忽视道德教育，只是专注于制度建设，会有三个问题是不可以解决的。

第一，难以防患于未然。“礼者，禁于将然之前”，我们可以从婚礼的这些步骤来理解这一点。中国古人认为，夫妻和睦相处对于家庭的和谐、儿女的健康成长非常重要。所以婚礼非常受重视。古时的婚礼有好几个步骤，全都具有教育意义。比如说结婚前三天要求男方三日不奏乐，女方三日不熄灯。很多人说为什么三日都不熄灯，是不是迷信？三日不熄灯，是因为再过三天这个女儿就要出嫁了，趁着她还没有出嫁，还在家的时候，做母亲的要抓紧时间，甚至昼夜不息地对她进行为人妻、为人母的教育。迎亲这一天，新郎早早地起来，要先祭祀天地，祭祀祖先。因为，在古人看来两个人的结合不仅仅是两个人之间的私事，它关系到整个家风的承传，关系到整个社会的和谐、国家的安定，所以不能够不谨慎。而他要去动身迎亲的时候，他的父亲要给儿子敬酒。我们知道中国人特别讲究长幼尊卑的次序，在平时吃饭的时候，全都是儿子毕恭毕敬地给父亲敬酒，但是这一天他要去娶亲的时候，这个次序突然颠倒了，换成了父亲给儿子敬酒。这个次序一颠倒，就会让儿子感觉到很谨慎，我这一件事非同小可，而且父亲是代表他们的祖宗给儿子敬酒。

新郎来到了岳父岳母的家里，岳父岳母会非常正重地把女儿的手交到新郎的手上。意思是说从此以后我女儿一生的幸福可就托付给你了，你要对她负责任，对她关爱备至。这个新郎也能体会到岳父岳母的心情，于是他就带着新娘跪拜岳父岳母，感恩他们为自己培养了一位贤内助，也是希望岳父岳母尽管放心，自己一定会承担起做丈夫的责任，对他们的女儿关心备至。这个时候，新娘才被迎上了花轿，新娘坐定花轿之后一定要做一个动作，就是把她的香扇从轿子的窗口给扔出去。为什么要做这样一个动作呢？因为这个女儿在家的时候，那也是父母的掌上明珠、千金小姐，娇里娇气的习气很多。比如说天气热了，还要拿扇子扇一扇，说这个天气好热。但是你今天去为人妻、为人母了，就需要把这些娇里娇气的小姐习气、坏脾气全都随着这一把香扇抛出去，抛得一干二净。

新娘来到了公公婆婆的家里，公公婆婆本来是坐在主人的座位上的，他们就从主人的座位上下来，坐到了客人的座位上，而把这个新娘迎上了主人的座位。什么意思呢？表示从此以后，我们这一个家就托付给你了。你要上孝公婆，中合妯娌，辅助丈夫，下教育好子女。这个责任无比重大，必须有深厚的德行才能够承担好。所以怎么样？古人说厚德载物，这个厚德载物，就是提醒做女子的要效仿大地。大地非常厚重，非常安静，非常沉稳，而且它最大的特点就是能够忍辱负重。比如说你无论是把干净的东西扔给它，还是你把肮脏的东西扔给它，它都毫无怨言，一律接受。所以这个女子越有德行，越能够忍辱负重，这个家庭幸福才越有保证。

接着，两个人要喝交杯酒了，这个交杯酒也喝得很有讲究，保证让你终身不忘。他们是拿一个葫芦瓜，一切两半，然后一人一半。这个葫芦瓜里的酒是甜的，葫芦瓜的丝是苦的，喝了交杯酒，就意味着夫妻要同甘共苦，彼此扶持，白头偕老，共度一生。这还不算，这酒喝完之后，还要拿两根红绳把葫芦瓜系在一起，挂在墙上，提醒在今后的夫妻生活之中，不要因为小小的磕磕绊绊就忘记了夫妻结合时最初的发心。两个人结婚的时候，都是怎么样的发心呢？有没有一个新娘她坐在轿子里是这样想的，说我终于等到这一天了，我一定搞得他们家鸡犬不宁。我相信没有一个新娘在出嫁的时候是这样的想法。她是怎么想的呢？我们终于等到这一天了，终于可以和自己心爱的人每一天生活在一起，互相呵护，互相帮助，白头偕老，共度一生了。所以看到这个葫芦瓜，想到两个人最初结合时的发心，那就不会因为小小的磕磕绊绊、误解、不如意，就忘记了两个人结婚时的发心。

你看，婚礼整个进行下来，每一个步骤都是提醒，都是教育，提醒的是彼此的责任感和恩义、情义、道义。夫妻关系处好了，家庭和睦，儿女生活在幸福的家庭里，他的身心都很和谐，整个社会的和谐才有保证。这个就是“礼防之于未然”的效果。

中国人有一句话说“上医治未病，不治已病”。真正高明的医生，他都是教人养生之道，防病于未然。扁鹊有两个哥哥也是医生，有一次魏文侯把他请来了，问道，你们三兄弟都是医生，究竟谁的医术最高明？魏文侯这样一问，扁鹊就说，我的大哥医术最高明，因为他给人讲养生之道，按着自然节律饮食起居，这样是最健康的，结果这个人基本上不得病。我的二哥医术其次，他是在一个人的病有小小的征兆时就对症治疗，那么这一个人他也得不了什么大病。但是我大哥的名声出不了这个病人的家庭，我二哥的名声出不了病人所居住的这一条街。我的医术是三个兄弟之中最差的，但是我的名声却最高，传遍了整个诸侯国。什么原因呢？因为这个病人已经病入膏肓了，我不得不采取一些大的手段，钳开他的血脉，给他吃一些有副作用的汤药，再给他针灸，等等。结果三下五除二把他从死亡线上给拽回来了，大家一看，都高兴得不得了，佩服得不得了，说这个人可以妙手回春、起死回生。所以虽然我的医术最差，但是我的名声却最高。

我们从这里体会到了真正高明的医生是防患于未然，让这个人根本就不得病。而中国式的管理也类似于中医，它是把问题解决在萌芽之中，让人根本就不去贪污受贿，违法乱纪。

第二，如果我们仅仅重视了法律监督机制的健全，而忽视了道德教育，就会导致“民免而无耻”的结果。在《论语》中记载孔老夫子说的话：“道之以政，齐之以刑，民免而无耻。”我们制定了各种各样的政令条款、法律制度，用这个政令来指导人们，用法律来约束人们，结果是人们因为惧怕处罚而不敢去做坏事，而不是不想做坏事。因为没有“道之以德”，人们没有羞耻心，一旦有制度和法律的漏洞，就会不择手段地为所欲为。那我们看到了，在西方社会，出现了很多的反社会行为，什么是反社会行为呢？英文为Anti-social behaviour，就是让青少年吸毒、酗酒、卖淫、邻里纠纷、青少年以强凌弱等等。这些青少年的年龄还很小，达不到法律制裁的标准，但是这些现象非常普遍，已经对社会和谐造成了严重的危害。

我在英国留学的时候，看他们的电视台报道英国议会多次开会，就是想解决越来越严重的反社会行为，但是讨论来讨论去，也没有一个结果。因为什么呢？因为他们忽视了宗教教育的作用。在西方历史上，西方的文化是宗教文化，但是现代社会很多人认为宗教是迷信，青年人也不再相信宗教了，而它的政治制度仍然是以维护公平正义为核心进行安排的。那么，面对越来越严重的反社会行为，就没有好的解决方法。

《群书治要·盐铁论》上有这样一句话说："法能刑人，而不能使人廉；能杀人，而不能使人仁。"法律确实能够给人制裁，给人处以刑罚，但是培养不出一个人廉洁的节操；法律也可以把人处死，但是培养不出一个人仁慈博爱的道德情感。在《群书治要·淮南子》上对这一句话说得更加具体："法能杀不孝者，而不能使人为孔、曾之行；法能刑窃盗者，而不能使人为伯夷之廉。"法律确实可以把不孝的人杀掉，但是培养不出像孔子、曾子那样高尚的德行；法律也可以把偷盗的人给予处分，但是培养不出像伯夷、叔齐那样廉洁的节操。"孔子弟子七十，养徒三千人，皆入孝出悌，言为文章，行为仪表，教之所成也。"孔老夫子的徒弟有三千多人，七十二个贤人。每一个人都在家孝敬父母，出门尊敬长辈，一言一行、一举一动，都是社会大众的表率，靠的是什么呢？靠的是教育所成就的。

第三个问题，就是如果我们只重视法律监督机制的完善而忽视道德教育，还会出现“法令滋彰，盗贼多有”的现象。那就是我们的法令条款一天比一天更严密、更具体、更多，但是违法乱纪的人、钻法律空子的人也是越来越多。

有一次，我们去参加一个国际会议，有一位外国女士，她站起身来用非常激动的口吻说：“你们中国人千万千万不要盲目地向外国学习，不要向我们西方人学习。为什么呢？因为我们西方国家并不像你们想象的那样理想、那样美好，恰恰相反，还出现了你们几千年前的老子所描述的情形。”什么情形呢？很难得，一个外国人，她引用了老子的话“法令滋彰，盗贼多有”。你看我们通过严格的法律监督机制，只要这个人一犯罪，我们就可以把他关进监狱，但是问题因此就得到解决了吗？完全没有解决，人们在监狱里互相学习、互相切磋，学到了更加狡诈的作案方式，一旦被放回到社会，对社会危害就更大了。所以，西方社会出现了监狱犯人人满为患、政府警察短缺的现状。因为监狱犯人太多了，不得不拿着纳税者的钱去建设更多的监狱。所以有人说如果我们不把人教好，不把道德教育重视起来，我们就需要拿着越来越多的钱去建设监狱。政府、警察连这些大的刑事案件都应接不暇，对于小的民事纠纷，就更没有人去过问了，所以以警察短缺为忧。这些都确实值得我们深思。

《群书治要·袁子正书》上有这样一句话：“不能止民恶心，而欲以刀锯禁其外，虽日刑人于市，不能制也。”如果我们不能制止人们作奸犯科的心、作恶的心，而仅仅是以刑罚禁止人外在的行为，那即使每一天都在外面处决犯人，也不能制止作奸犯科的事情发生。为什么呢？因为人作恶的心并没有改变。行为是心性的反映，有错误的思想才会导致错误的行为，没有改变人的心性，只是禁止人的行为，那是从枝末上解决问题。

《汉书·董仲舒传》也说，我们不能制止人们作奸犯科的心，就会导致“法出而奸生，令下而诈起”。新的法律条文一出台，奸诈的行为就产生；命令一下达，欺诈的行为就产生。就像“以汤止沸，以薪救火，愈甚无益也”。并没有把这个事情真正给遏止住，因为人们作奸犯科的心并没有改变。这些道理都告诉我们“人心正则国治，人心邪则国乱”。社会乱象的出现，这些都是枝叶花果，都是枝末，都是表象。它的根源在哪里呢？根源就在于人的心性。要纠正人心，仅仅靠法律监督机制是远远不够的，必须加强伦理道德的教育，让人有羞耻心，不愿意去作恶，也耻于作恶。

《论语》中讲：“道之以政，齐之以刑，民免而无耻；道之以德，齐之以礼，有耻且格。”如果我们用道德去引导人们，用礼义去教化人们，人们有了羞耻心，从心底不愿意去作恶，他还有人格、有气节，也有人心的归附，这才是抓住了问题的关键。《论语》中记载孔夫子所说的这句话，告诉我们怎么样教育人，中国古人道德教育的经验，告诉我们怎么样进行道德教育才是行之有效的。

三、致富之道

第三个问题，我们讲一讲致富之道。企业管理的好坏，企业经营得如何，最终体现在企业的经济效益上。搞企业就是要赚钱，就是要致富。那么中国传统文化是怎么样看待致富这个问题的呢？用四个字来概括，那就是"德本财末"。在《大学》上有这样一句话："货悖而入者，亦悖而出。"这一句话告诉我们，如果你的财货是以不正当的、不好的方式获得的，那会怎么样呢？也一定会以不好的方式败散掉。所以在中国古人那里，即使没有读过圣贤书的普通百姓，都知道财分两种。一种财叫吉财，就是我们通过勤劳致富，通过自己的聪明智慧，奉公守法来获得的钱财，这个财给你带来的是吉祥如意，幸福美满。另一种财叫凶财，就是通过不正当的手段，贪污受贿、坑蒙拐骗等获得的不义之财。它给我们带来的不是幸福如意，而是不尽的凶灾。所以，对于不义之财，送给人家，人家都不敢要，知道后果不好。

在道家的劝善书《太上感应篇》中也做了这样一个比喻："取非义之财者，譬如漏脯救饥，鸩酒止渴，非不暂饱，死亦及之。"我们为什么要去取不义之财呢？很多人说我需要。当然是很需要，但是，取不义之财的人，就如同是吃了有毒的肉、喝有毒的酒来止息自己的饥渴，不仅达不到预期的目的，反而会给自己招来杀身之祸。

所以，不义之财绝对不能去获取。那应该怎么办？中国古人告诉我们，"福田靠心耕"。我们把一个人的福分比作一块田地，这块田地怎么样来耕种？靠自己的心来耕种。那以什么心来耕，这田地的回报会特别丰厚呢？古人告诉我们有三种田是回报最丰厚的。也就是说我们看一个人的前途，从三个方面来看就知道了。第一，看他是不是知恩报恩；第二，看他是不是有恭敬心；第三，看他是不是有悲悯同情之心。

首先，我们看看恩田。如果一个人知恩报恩，饮水思源，他就是在给自己培福，他的前途就是光明的。中国人特别强调要孝敬父母，原因何在呢？因为父母养育儿女的恩德是无人可以相比的，父母对儿女的付出是无私无求而且是无微不至的。这么大的养育之恩，当然首先应该记在心上去报答。所以《孝经》上说："不爱其亲而爱他人者，谓之悖德；不敬其亲而敬他人者，谓之悖礼。"比如我们逢年过节都想着要去送礼，但是我们给谁的礼物想得最周全呢？我们对谁的礼物特别用心去准备，生怕人家不高兴、不满意，不符合人家的需要呢？是给领导、生意合作伙伴的礼物，对我们有利益的人的礼物。那我们从恩义的角度来看，对我们恩德最大的是父母，我们应该对父母的礼物最用心。像我们大学放假回家的时候，我们首先想到给谁买礼物呢？那个时候我们很单纯，没有受染污，没有受社会上的这种功利思想的污染。首先想到给父母买礼物，然后给兄弟姐妹买礼物，这是自然而然的。但是随着我们的成长，我们受社会功利主义的影响越来越深，逢年过节，我们想着去送礼，把给领导、生意合作伙伴的礼物用心周到地准备，但是却忽略了父母，这就是悖德悖礼的现象。再比如，我们下班之后，领导说："我们要去见一个重要的客人，你不要回家吃晚饭了，跟我去接待一下吧！"我们是什么样的态度呢？我们兴高采烈、受宠若惊地跟着领导去接待了。但是我们的父母说："哎呀，我们家都已经缺这个缺那个了，好久没有去超市买东西了，你能不能陪我去趟超市？”我们是怎么回答的？我们说：“我哪有时间?我还有很多事要忙，你就和你那些老太太、老朋友们一起去好了！”很不耐烦。

请问我们是以什么样的心与人交往的呢？我们都是以利害之心，以功利之心在为人处事、待人接物。中国有句古话说“诸事不顺因不孝”。很多人就觉得中国人讲问题实在是不讲逻辑，我做事顺不顺利，和我孝不孝敬父母有关系吗？确实有关系。为什么呢？因为《易经》上说：“同声相应，同气相求。”我们是一个以利害之心和人交往的人，我们感召的朋友也是以利害之心和我们来交往的。那么结果怎么样呢？“以利交者，利尽而交疏。”我们彼此是以利益来交往的，今天我们有生意可做，我们是朋友，我们在一起吃饭。但是如果利益没有了，交情就疏远了。“以势交者，势倾而交绝。”我们彼此是以权势来交往的，你今天在位的时候我对你很恭敬。但是哪一天你退休了，从官位上下来了，对不起，这个交情就决裂了。“以色交者，花落而爱渝。”男子喜欢女子的美色，女子也喜欢男子的英俊，他们是以色相来交往。哪一天我衰老了，年华不再了，脸上有皱纹了，这个爱也就改变了。那应该怎么办呢？“以道交者，天荒而地老。”彼此是以恩义、情义、道义来交往，这个交往才是天长地久，经得起考验的。所以，我们身边所感召的人，都是以利害之心相交往的，原因何在呢？原因在于我们是以利害之心和人家交往的。

《管仲论相》这个故事给了我们很大的启发。管仲年纪老了，又病得很重，齐桓公来探望他，向他询问宰相的继任人选说：“仲父，您年纪大了，一旦过世，由谁接替您的位置做宰相合适呢？”管仲心理明白，其实齐桓公心里已经有人选，于是他就故意反问道：“您看请谁做宰相比较合适呢？”桓公回答：“我看易牙这个人对我不错，他对我很关爱。有一次他问我，有什么好吃的山珍海味没有吃过？我说天下的山珍海味我全都吃过了，只有婴儿的肉没有吃过。结果没想到，改天他回去把刚刚出生几天的儿子给杀了，把他的肉端上来侍奉我。他爱我超过了爱自己的儿子，这个人是不是可以信任呢？”管仲听了摇摇头说：“一个人所挚爱的无过于自己的儿女，但是易牙居然可以杀子奉君王，这个人一定别有所图，一定不可以信任。”桓公听了说：“易牙不行，竖刁应该可以了，竖刁对我很忠心。他为了能随时进入宫廷陪我玩，他不惜把自己变成了太监，他爱我超过了爱惜自己的身体，你看是不是值得信任呢？”管仲听了之后就说：“一个人最珍惜的不过是自己的身体，但是竖刁却可以自残以求荣，为了求得您的荣宠，不惜残害自己的身体，这样做不符合常情，一定也是别有所图，这样的人可不能信任。”桓公听后说：“易牙、竖刁都不行，开方应该可以了。开方本来是卫国的公子，他放弃了卫国储君的位子来到我们齐国，一住就是十几年，而且这十几年之中，从来没有回过卫国探望自己的父母，即使他的父母过世，他都没有回去看一下。你看他爱我超过了爱自己的父母，这个人是不是可以信任了呢？”管仲听了又摇了摇头，他说：“人生在世，对我们恩德最大的无过于父母的养育之恩了，但是开方这个人却可以绝亲以干禄，为了求得俸禄、荣宠，不惜和父母亲都决裂、诀别，这个人一定是一个忘恩负义之人，可不能重用。”

齐桓公后来没有听从管仲的劝告，重用了这些人。结果怎么样呢？他被这些人害得很惨。当他重病卧床，不能理政时，这些人对他置之不理，忙于争权夺势去了。以致桓公去世很多天，都没有人为他收尸，尸体都腐烂生蛆了。所以，古人看问题能看到根本。我们讲这个故事的目的，不只是让我们增长见识，而是让我们来反省自己，我们是不是就是易牙，就是竖刁，就是开方这样的人呢？

很多人可能会说："怎么可能，老师，我们再怎么残忍，也不会把自己的儿子给杀了，去侍奉我们的领导！"我们确实没有这样做，但是我们放下了教育儿子、陪伴儿子的时间，把大量的时间用来和领导去应酬，结果耽误了孩子的前程，甚至让这个孩子走上了违法乱纪、锒铛入狱的道路。我们想一想，虽然我们没有亲手杀了孩子的生命，但是我们忽视了对儿女的教育，断送了儿女的前程，我们是不是"杀子奉君王"？

我们再看一看自己是不是竖刁——"自残以求荣"。我们知道，做生意很难，需要应酬、招待、投其所好。首先，要抽烟，烟雾缭绕，这还不算，还要喝酒，喝了白酒喝红酒，喝了红酒喝啤酒。但是为什么还要喝酒呢？因为，我们不陪人家喝酒，这个合同就签不了，我们把酒喝下去了，对方很高兴，一拍桌子，说你这个人够哥们意思。你看，我们一个几百万，甚至是几千万的定单就有了。那我们知不知道喝酒抽烟对自己的身体有害呢？我们为什么还要这样去做呢？我们是不是"自残以求荣"？在年轻的时候，我们不惜损害身体健康去获得大量的财富，结果有了钱之后，身体被搞得一塌糊涂，又拿着钱去买健康，请问我们还能买回来吗？即使我们能够买来，我们这又是何苦呢？所以我们是不是竖刁，"自残以求荣"？为的就是我们在同学、朋友聚会的时候，可以虚荣地说："你看我的车子是什么牌子的，我的别墅有多大。"这不就是为了满足自己的虚荣心吗？

我们再看一看，自己是不是开方——"绝亲以干禄"。我们很多的同学到国外去学习，在国外找到了薪水很高的工作，结果再也没有回到国内探望一下培养他成才的父母。这是不是"绝亲以干禄"呢？所以你看，现在的人正做着这样悖德悖礼的事，但是还不知不觉，都已经习以为常了。

所以在《大学》上有这样一句话："仁者以财发身，不仁者以身发财。"有仁德心的人，他有了钱之后，他去做慈善，他去救济穷苦，他去帮助那些需要帮助的人。这为自己获得了身心的健康，获得了好的名声，好的身份，好的地位，这个叫"以财发身"。"不仁者以身发财"，没有仁德心的人恰恰相反，他不惜拿着自己的身体健康，自己良好的身份地位和名声为代价，去换得存折上数字的增长。这个就叫"以身发财"。结果这个不义之财还保不住，"货悖而入者，亦悖而出"，最后是竹篮打水一场空。所以明智的人不做以身发财的事。知恩报恩，就是在给自己培植福分。

现在很多人感到很困惑，不知为什么孩子不孝顺，小公主小皇帝的脾气很厉害，以自我为中心，自私自利。父母为他付出了很多，他都觉得天经地义，还变成了啃老族。这是什么原因呢？其实原因仍然很简单，就是我们自己没有去孝敬父母，没有认真地去留意过自己的父母。有一篇文章写得非常好，题目叫《你留意过自己的父母吗》。

如果你在一个平凡的家庭长大，如果你的父母还健在，不管你有没有和他们同住；

如果有一天，你发现妈妈的厨房不再像以前那么干净；

如果有一天，你发现家中的碗筷好像没洗干净；

如果有一天，你发现家中的地板衣柜经常沾满灰尘；

如果有一天，你发现母亲煮的菜太咸、太难吃；

如果有一天，你发现父母经常忘记关瓦斯；

如果有一天，你发现老父老母的一些习惯不再是习惯时，就像他们不再想要天天洗澡时；

如果有一天，你发现父母不再爱吃清脆的蔬果；

如果有一天，你发现父母爱吃煮得烂烂的菜；

如果有一天，你发现父母喜欢吃稀饭；

如果有一天，你发现他们过马路，行动反应都慢了；

如果有一天，你发现他们在吃饭的时候，老是咳个不停，千万别误以为他们感冒和着凉，那是吞咽神经老化的现象；

如果有一天，你发觉他们不再爱出门；

如果有这么一天，我要告诉你，你要警觉父母真的已经老了，器官已经退化到需要别人照料了。

如果你不能照料，请你替他们找人照料，并且请你千万千万要常常探望，不要让他们觉得被遗弃了。

每个人都会老，父母比我们先老，我们要用角色互换的心情去照料他们，才会有耐心，才不会有怨言。

当父母不能照顾自己的时候，为人子女要警觉，他们可能会大小便失禁，可能会很多事都做不好。

如果房间有异味，可能他们自己也闻不到。请不要嫌他脏或嫌他臭，为人子女的只能帮他清理，并且维持他们的自尊心。

当他们不再爱洗澡时，请抽空定期帮他们洗身体，因为纵使他们自己洗，也可能洗不干净。

当我们在享受食物的时候，请替他们准备一份大小适当、容易咀嚼的食物；因为他们不爱吃，可能是牙齿咬不动了。

从我们出生开始，喂奶、换尿布，生病时不眠不休的照料。

教我们生活基本能力，供给读书，吃喝玩乐和补习，关心的行动永远都不停歇。

如果有一天，他们真的动不了了，角色互换不也是应该的吗？

为人子女者要切记，看父母就是看自己的未来，孝顺要及时。

“树欲静而风不止，子欲养而亲不待”，您留意过自己的父母吗？

这篇文章写得非常好，也非常感人，它提醒我们，作为儿女，要经常去留意一下那白发苍苍的父母。在新加坡有一个老人博物馆，当年轻人来参观时，让他们带上耳塞，然后腿上绑上沙袋，眼睛再蒙上布，让他们体会一下，当人老之后，眼睛看不清楚，耳朵听不清楚，腿脚都不方便的那种无奈。所以我们确实应该设身处地换位思考，站在父母的角度，考虑一下他们的感受，这样我们才不会想当然地对他们不耐烦。当我们能够尽心尽力地照顾父母、回馈父母、感恩父母，我们的一言一行、一举一动就自然会影响到自己的孩子，让他们也会对自己的父母生起感恩之心。

所以，教儿教女先教自己，确实是自己要先从孝敬父母开始，培养起一个人深厚的感恩之心、仁爱之心。我们看一个人有没有发展前途，首先看他孝不孝敬父母。这个人虽然有权有势，但是连父母都不孝敬的话，这个人的前途就有限。

第二，我们看一看敬田，就是对别人都有恭敬心。《论语》上有句话说“四海之内皆兄弟也”。四海之内皆兄弟是一个结果，原因在哪里？“君子敬而无失，与人恭而有礼，四海之内皆兄弟也。”这是孔老夫子的弟子子夏所说的。他说一个人无论走到哪里，对每一个人都很恭敬，为人处事，待人接物没有什么过失，彬彬有礼，能够看到对方的需要，为对方着想，和每一个人相处都恭敬、有礼貌。这样的话，走到哪里，哪里都有自己的兄弟姐妹。我们看现在的年轻人和人相处一个月，不是自己不喜欢别人了，就是别人不喜欢自己了，出了很多的矛盾。这是什么原因呢？原因就是在家的时候，都是小公主、小皇帝，所有的家人都要看到他的需要，在意他的感受。而当诸多的小公主、小皇帝走到一起的时候，如果不出现矛盾纷争，那就不正常了。

因此，现在有些孩子肩不能担担，手不能提篮，没有责任感，也不能够承担责任，还好高骛远、妄自尊大，其实什么都干不了。这样的人，走到哪里都不会受人欢迎。为什么呢？因为他总是看不到别人的需要，不会为对方着想。

孔老夫子一生所奉行的是“温良恭俭让”，他做到了温和、善良、恭敬、俭朴、礼让。老子，道家的创始人，他也提出了“处柔守慈”的处事原则。一个人有恭敬心，有仁爱之心，那就会“爱人者人恒爱之，敬人者人恒敬之”。你对别人有恭敬心，别人对你也回报以恭敬，这样无论走到哪里都会事事如意。

第三，就是悲田。悲田就是对人要有恻隐之心，要有同情心。这个悲就是拔人于苦的意思，看到别人处于痛苦之中，发自内心同情，而且做一些事情来帮助他摆脱痛苦。孟子也说：“恻隐之心，仁之端也。”同情心、恻隐之心是仁爱的开端。从被新加坡人视为“国宝”的许哲女士身上，我们看到了一个有同情心的人，她过的是一种多么幸福快乐的生活。许哲女士小的时候，看到她母亲所做的一件事，从此奠定了她一生为人处事、待人接物的原则，那就是要去帮助别人。有一天，她母亲煮了一桌很丰盛的饭菜，当全家人正要吃饭的时候，门外响起了敲门声。她的母亲放下碗筷，把门打开一看，看到了一群衣衫褴褛、面有饥色的人。这些人好像好几天都没有吃饭了。他们向她的母亲苦苦地哀求，要讨一点饭菜吃。看到这样的情景，她的母亲二话不说，转过身来把桌子上所有的饭菜都端出来，给这些人吃。当她看到这些人脸上露出了笑容，能够吃一顿饱饭的那种满足感，内心极为欣慰。这给许哲女士留下了很深的印象。从此她就下定决心，自己一生要去做帮助别人的事。后来，她来到了美洲的巴拉圭，无私无求地帮助那里的人，不要他们一分钱。

她的母亲九十多岁时，给她打了一个电话，说：“你要照顾别人、帮助别人，在哪儿都可以。现在我年纪也大了，也需要你的照顾了。”她接到母亲给她打的这个电话之后，就回到了新加坡，一直照顾她的母亲直到过世。她的母亲也活了一百多岁。所以，确实是“积善之家，必有余庆”。

她回到新加坡之后，在很多人的支持下，办起了几十所养老院。每一所养老院办好以后，她就默默地退了出来，把这些养老院交给别人去照管、去打理。她在私底下还默默地照顾了很多八九十岁的老人，这些人其实比她年纪还小，但是生活贫苦，也没有人照顾。她身体健康，所以还经常去给他们送东西、送食物，照顾他们的生活。她自己的衣服从来没有买过新的，都是从垃圾箱里捡回来洗干净就穿。她这样做的原因，一方面是出于节俭；另一方面，她也是从照顾的对象的心理出发，为他们着想。因为她所照顾的这些人都是很贫苦的人，如果她自己穿得很好，比如说穿了一件旗袍，又戴了一条金项链，然后说，我给你们送食物来了，这些接受的人都会觉得心理上有距离，像是被人施舍一样，感情就会很远。她即使是去帮助别人，也是从被帮助人的心理感受出发，考虑到他们的需要。

有记者问她：“你长寿的秘诀是什么？为什么活到一百多岁还能够身体健康、无忧无虑呢？”她说：“我最大的快乐，就是看到我所关心帮助的人，他们脸上露出了笑容，我也为这种笑容所感染，所以整天很开心，没有烦恼。”许哲女士的这种感受说明了帮助别人其实是在帮助自己。我们往往是通过帮助别人，释放了自己的压力，而且是在帮助别人的过程中，获得了自己的快乐和成长。

有两个词语特别值得我们学习。第一就是助人为乐。助人不是为了快乐，而帮助别人本身就是一件很快乐的事。第二就是知足常乐。如果一个人不知足，他永远都快乐不起来。所以俗话说："人生解知足，烦恼一时除。"这两点做好了，人生就会幸福美满。

在美国有一个布朗教授，他对423位65岁以上的老人进行了跟踪调查。结果发现，那些经常给予他人精神上的支持，或给予他人帮助的老人与那些从不为别人提供任何帮助的老人相比，他们的预期寿命平均要长5年左右。而那些仅仅接受别人帮助的老人，他们的寿命却没有太大的变化。布朗教授说，人们在生活中往往得益于对他人的付出和帮助，而不是一味地向社会和他人索取。这告诉我们，恻隐之心培养了一个人的仁爱之心，而且也在帮助别人的同时帮助了自己，让自己身心安乐。

这个是我们讲的致富之道，告诉我们"德者本也，财者末也。"不要用不义的方式赚得钱财，因为"货悖而入者，亦悖而出。"福田靠心耕，要从恩田、敬田和悲田三方面着手，培养自己深厚的福德。

四、理财之道

第四个问题，我们讲一讲理财之道。也就是钱赚到手了，应该怎么样去运用它，用在什么地方，才可以保持长远的、可持续的发展。那就是《大学》上所说的"财散则民聚，财聚则民散。"这个钱赚到手了，你把它散出去，换得的是民心，人心都向着你。如果你把钱都赚来了，都聚集在自己的手中不肯散财，那么民心都背离，人民也会离你而去。

唐代诗人李白在《将进酒》中有"千金散去还复来"的诗句。这个钱，你从左手散出去了，用来做慈善事业，照顾那些需要照顾的人，结果右手又把钱给赚回来了。

在我们中国，好多供财神的人都喜欢供文财神范蠡，为什么呢？中国古人供奉这些塑像，其实不是迷信，它都是一种教育，是从供奉这个人的身上学到一种赚钱的方法，学到一种品质。范蠡本来是越王勾践手下的一名谋士，他曾经协助勾践打败吴国收复失地。但是，在庆功的时候范蠡发现，勾践是可以共患难、不可以同富贵的人。传说他带着西施趁着月色逃离了越国，来到了当时的齐国。从此之后，他隐姓埋名，开始做生意，他很快就赚了一笔钱。钱赚来之后，他没有用来过骄奢淫逸的生活，反而把这些钱全都散了出去，帮助那些穷亲戚、旧邻居和那些需要帮助的人。然后又开始从小本生意做起，又赚了一笔钱。他又像上次一样把钱又全都散了出去，之后又开始赚钱，如此往复做了三次。所以历史上有"三聚财三散财"。

范蠡这个故事告诉我们什么道理呢？那就是舍得。舍得舍得，不舍就不得，小舍就小得，大舍就大得。这个财富是你的，你舍都舍不掉。所以古人告诉我们，要学财神范蠡的这种精神。什么精神呢？就是你要懂得散财，把你赚得的钱，不是用于自己的奢华生活，竞奢斗富，骄奢淫逸，而是去帮助那些需要帮助的人。

现在世界500强企业，平均寿命是多少年？是40年到50年，中国大企业的寿命是7至8年，小企业的寿命就更短，是2.9年。我们看一看中关村大街的牌子换得多么频繁就知道了。所以在企业界有一句话"江山代有人才出，各领风骚三两年"。

为什么都不能够持续发展呢？包括世界500强的企业，也都不能够持续发展。原因之一是没有按照经典来做事。《大学》告诉我们："有德此有人，有人此有土，有土此有财，有财此有用。"我们要按照这一句话来做事，这个企业才能够长久发展，立于不败之地。告诉我们要做事业，首先应该具备什么条件呢？很多人说是钱。钱是需要的，但是如果一个人有钱而无德的话，百万亿万的家产也会被他很快败散掉。所以，“德者本也，财者末也”。你想做一件事之前，首先要具备深厚的德行。你自己有德行，所感召的人才是好的人才，才是和你志同道合的人才，不是争名夺利，为了名利而来的。这样他才是和你一样有德的人，没有德的人在你这儿也待不了，因为“同声相应，同气相求”。

“有人此有土。”你自己有德行，感召来的人也是和你一样有德行的人。这些人志同道合，同心协力，就会有土。土，在农业社会就是资源的意思，增长财富的资源。在我们现代社会，包括我们的市场营销能力，包括我们的人力资源、各种技术等等。人多了，人才多了，他们就有各种各样的资源和能力。那么大家众志成城，把自己的能力都发挥出来了，各种资源也得到充分的利用，就自然会创造财富。这叫有土此有财。这个财富创造出来之后，一定要用在“德日进，过日少”上，就是使自己的德行不断提升，使自己的过失不断减少这方面。所以，你要回馈员工，让员工的付出得到肯定，让他觉得在这样一个企业工作，非常荣耀，非常有前途、有发展。还要回馈消费者，让消费者用最少的付出获得最好的服务，最有质量的产品，他才会做你的回头客。还要回馈社会，要取之于社会，用之于社会，要向国家纳税，要搞慈善事业等等。这样的话，这个企业的社会荣誉感，社会地位就会越来越高。每一个员工在这样的企业工作，都感觉到“与有荣焉”。这样就会形成良性的循环，企业就会逐渐发展壮大，立于不败之地。

这叫“有财此有用”。这个财用在何处，的确非常重要。我们按照经典来做企业，这个企业即使遇到金融危机，也会顺利过关，甚至还能顺利发展。当然也有一些企业在遇到金融危机的时候，同行的企业很多都遇到了难关，甚至都破产，但是那些学习、奉行传统文化的企业，订单却源源不断，都排到第二年7月以后了。什么原因呢？就是他们学习传统文化，一直奉行诚信第一、质量第一的原则，因此深得客户的信任。这个是我们讲的第四个问题。

五、道中之道

最后一个问题，我们讲一讲道中之道。这也是中国式管理能够发挥作用的关键所在，那就是正己化人。为什么中国人讲正己化人呢？因为“各自责，天清地宁；各相责，天翻地覆”。遇到问题大家都是反省自己，这件事我哪儿做得不对，我应该承担什么责任？那么就会大事化小，小事化了，天清地宁。如果遇到事情，大家都是相互指责，相互挑剔，相互抱怨，相互推卸责任，结果就是天翻地覆。

有个词叫“境随心转”，意思就是我们的物质环境，我们的人际关系，都是随着你的心来转变的。我们用什么样的心来看外界，来对待人事物，他们回报给我们的就是什么样的。境随心转的道理告诉我们，当我们看别人不顺眼的时候，实际上是自己的修养不够。比如说现在很多的孩子，还没有走上社会，就做出了很多悖逆社会的行为。很豪华的车停在路边，他看了不顺眼，就拿铁片小刀等尖锐的东西，把轿车划伤，划上很多道道。如果我们是这个车子的主人，我们遇到这样的事情，会是什么心情呢？肯定是非常痛恨，说怎么会有这样缺德的人呢？

做出这样损人不利己的事，可能就发火了。但是，古人告诉我们“论人之非，当原其心。”我们看到他做的错事恶事，要进一步探究导致他今天错误行为的原因。我们去调查一下才发现，这个孩子早年父母离异，他的父亲又娶了妻子，成了家。他的母亲又嫁了人，组建了另一个家，他就成了无家可归的孤儿。没有人教育，没有人关爱，于是，他从小就形成了一种冷漠、对立、逆反的心理。所以，虽然还没有走上社会，没有成人，他就做出了这样悖逆的行为。与此相对比，我们是怎么对待自己的孩子的？我们对自己的孩子是百般呵护，非常用心。听说“《弟子规》夏令营”不错，可以对孩子的德行有提升，我们可能不远万里都要送孩子去学习；听说哪一个课程提高学习成绩很快，我们也不惜万金送孩子去参加。我们对自己的孩子是这样无微不至，用心呵护，那么这个孩子和我们的孩子比起来，是不是很可怜？有句话叫“可恨之人必有可怜之处”。你看他的行为很可恨，你再去了解一下他成长的环境、他生活的经历，你就会感到他有这样的行为是不足为奇的了。

所以，没有纯粹的善人与恶人之分，只有受过教育的人和没有受过教育的人之分。要相信“人之初，性本善；性相近，习相远；苟不教，性乃迁”。明白了他做坏事是由于没有受到良好的教育和引导，你的同情之心生起来了，你不想去追究他的责任了，不想去惩罚他了，反而想着去帮助他、提升他。所以，我们看别人不顺眼，是不是自己的修养不够呢？确实是自己的仁慈心、耐心、爱心都不够。

我们虽然已经讲了很多了，但是别人的错误行为依然没有改观，这是什么原因呢？这就是古人所说的“德未修，感未至”。就是我们自己的德行修养还不够深厚，还没有能够感化人家。

《中庸》记载，孔老夫子称赞舜帝的时候说了这样一句话：“故大德，必得其位，必得其禄，必得其名，必得其寿。”大舜是什么样的人呢？为什么孔子这样赞叹呢？大舜的后母、弟弟三番五次想置他于死地，但是他没有想着去打击报复，却总是反省自己的不足。即使得了天子之位，还到原野上去号泣，为什么？因为他觉得没有尽到做儿子的责任，还让母亲不满意。最后他的德行终于感化了他的后母，感化了他的弟弟，感化了天下的百姓。我们想一想自己的身边有没有像大舜的后母那样，三番五次要置我们于死地的人呢？没有！我们很幸运，都是我们的亲人，都是我们的同学、同事、伙伴。可我们还是感化不了他们，说明什么呢？只能说明我们的德行没有修养好，所以不能感化他们。“行有不得，反求诸己。”正己化人，“正己而不求于人，则无怨”，只是端正自己而不去要求别人，就不会招致怨恨。

以上是我们讲的中国式管理的一些特点。可能我们听了这个课，会觉得很好、很受益，但是总感觉和我们的现今社会格格不入。因为我们出了这个门，和朋友交谈起来，大家所说的全都是自私自利，全都是怨天尤人。

有一个故事叫《两只狼的交战》，讲述了一位年迈的北美切罗基人，教导孙子们人生的真谛。他说：“在我的内心深处一直在进行着一场鏖战，交战是在两只狼之间展开的。一只狼是恶的，它代表恐惧、生气、悲伤、悔恨、贪婪、傲慢、自怜、怨恨、自卑、谎言、妄自尊大、自私和不忠。另外一只狼是善的，它代表喜悦、宁静、谦逊、仁慈、宽容、友谊、同情、慷慨、真理和忠贞。同样，交战也发生在你们的内心深处，在所有人内心深处。”听完他的话，孩子们静默不语，若有所思。过了片刻，其中一个孩子问："那么，哪一只狼能获胜呢？"老者回答道："你喂给他食物的那只。"这个故事发人深省，我们成为什么样的人，是和我们读什么样的书、接受什么样的教育、和什么样的人接触决定的。古人从小读圣贤书，他们长大成为君子、圣贤。"读书志在圣贤"。人是可以教得好的，就看你用什么去教他，他从小接受的是什么样的教育。

古人说："以圣贤之道教人易，以圣贤之道治己难；以圣贤之道出口易，以圣贤之道躬行难；以圣贤之道奋始易，以圣贤之道克终难。"这提醒我们圣贤教诲都是要求我们要知行合一。孔子之所以在教育上那么有成就，影响那么深远，就是因为他把自己所说的，完全落实在自己生活之中了。所以他的弟子对他非常佩服。持之以恒地学习传统文化、落实圣贤教诲，你的人生一定会有不一样的收获。

（根据作者2016年10月在全国及省级工商联直属商会会长培训班讲座《传统文化与中国式管理》整理）

第五讲
传统文化，从根救起

诸位领导，诸位法师，诸位来宾，诸位兄弟姐妹们：

大家下午好！今天很荣幸来到了香港和大家一起来学习“我祭则得福”——承传文化，从根救起。

我们都知道，在十八大之后，中国国家主席习近平在历次讲话之中都特别强调要弘扬中华优秀传统文化，实现中华民族伟大复兴的中国梦。那么我们中华传统文化和西方文化有什么本质差别？中国传统的治国理念对于我们今天构建和谐社会、实现中华民族伟大复兴，又有怎样的借鉴和启示？

2013年11月26日，习主席到山东曲阜考察时，发表了一个重要讲话。他说：“一个国家、一个民族的强盛，总是以文化兴盛为支撑的，中华民族伟大复兴需要以中华文化发展繁荣为条件。”一年之后，也就是在2014年10月，在中共中央政治局第十八次集体学习时，习主席又强调，

“要治理好今天的中国，需要对我国历史和传统文化有深入了解，也需要对我国古代治国理政的探索和智慧进行积极总结”。十八届四中全会的核心主题就是依法治国。香港也是一个法治社会，崇尚法治，即使在这样一个依法治国的主题会议上，我们的领导人也特别强调，中国古代的治国理念的特点，那就是“礼法合治，德主刑辅”。

一、礼法合治，德主刑辅

中国被誉为礼仪之邦，她的治国理念和当代西方国家不同之处，就是她不仅仅重视法，她更强调礼仪。中共中央纪律检查委员会书记王岐山同志在讲话中说，“让崇德重礼和遵纪守法相辅而行。徒法不足以自行。治理国家不可能只靠法律。法律法规再健全、再完备，最终还是要靠人来执行。如果领导干部在德上出了问题，必然导致纲纪松弛、法令不行。”听到国家领导人这样的讲话，我们对国家未来的发展方向也是越来越有信心，为什么？因为愈来愈重视中华优秀传统文化，这将会把我们的国家引向更加正确的轨道。

中国古人为什么在重视法的同时特别强调“礼”？《易经》上说“一阴一阳之谓道”。这个阴就是法，这个阳就是德。告诉我们治理国家离不开法，但是更重要的是要用“礼”来教育和引导人们。古人说“礼者禁于将然之前，而法者禁于已然之后。”法律的制裁都是等消极结果已经产生了，给予事后的惩戒和补救，但是，他所产生的消极影响却是无法消除了。但是这个“礼”却可以防患于未然。关于“礼”防患于未然的效果，我们可以通过中医和西医的对比来加以说明。

在《群书治要》上记载，魏文侯把神医扁鹊请来，并且请教他，我听说你们家有三个兄弟都是医生，那么究竟哪一个人医术最高明呢？扁鹊回答说，我的大哥医术最高明。因为他在病人的病隐伏未发的时候，就给他讲养生之道，让这个人基本上不得病，但是他的名声却出不了病人这一家，只有这个病人的家人知道他的医术高明。我的二哥医术其次，为什么？他在这个病人的病有小小征兆的时候就开始对治，但是他的名声却出不了病人所居住的这条街。我医术最差，但是我的名声却传得最远，为什么？因为我都是等这个病人的病已经很严重了，不得不做一些手术，甚至还要敞开他的血脉、给他针灸，再让他吃一些有副作用的汤药，三下五除二把他从死亡线上拽回来了。大家都非常赞叹，你看扁鹊这个人可以妙手回春、起死复生。所以我的名声就传遍了整个诸侯国。

诸位朋友，我们从这里有没有体会到，为什么现在的中医比不上西医有影响？为什么中国式的管理方式没有西方的管理方式更受人重视？因为一般的社会大众仅仅是从结果上来看问题，一看这个法律严惩效果很好，都认为法才重要，但是看不到更高明的管理方法是让这个不好的现象根本就不发生。

第二，如果我们只是重视法律而忽视了道德，还会导致一个现象就是“民免而无耻”。严格的法律设计下来了，大家怕受到法律的严惩而不敢去做坏事，但是他没有羞耻心，甚至还以能够躲避法律的制裁自以为聪明，沾沾自喜。孔老夫子说：“道之以政，齐之以刑，民免而无耻。”我们设计了各种各样的政令条款，用这个来制约人们，他触犯了就给他以刑罚的处罚。结果是人民因为惧怕处罚而不敢做坏事，但是由于没有羞耻心，人们仍然想方设法地做坏事，设法免于法律的制裁。这就是孔老夫子所指出的，只靠法律来治理国家所导致的弊端。那么怎么办？他说：“道之以德，齐之以礼，有耻且格。”我们用道德来引导人们，用礼仪来教化人们，人们有了羞耻心，从心底不愿意去做坏事，这样的话他就会自然得到人心的归服。

我到西方国家去学习的时候，发现西方的媒体经常在讨论一件事，什么事情？就是愈来愈严重的反社会行为。什么叫反社会行为？就是这个行为还没有触犯法律，但却是很不道德的行为，比如说青少年吸毒、酗酒、卖淫等等。这些青少年还没有达到法律制裁的标准，但是行为放荡，对社会的和谐构成了严重的危害。那么这些现象越来越严重，他们的议会经常讨论如何解决，但是也找不到对策。在《群书治要·盐铁论》上说了这样一句话：“法能刑人而不能使人廉，能杀人而不能使人仁。”这个就是法律的局限性。法律可以把人判处刑罚，但是培养不出一个人廉洁的节操；法律也可以把人处以死刑，但是培养不出一个人的仁爱之心。

在《淮南子》上对这一句话就讲得更加具体：“法能杀不孝者，而不能使人为孔、曾之行；法能刑窃盗者，而不能使人为伯夷之廉。孔子养徒三千人，皆入孝出悌，言为文章，行为仪表，教之所成也。”通过法律可以把不孝的人给处死，在《孝经》上说，“五刑之属三千，而罪莫大于不孝”。在唐朝的律法之中，一个人不孝敬父母，打骂父母、打骂祖父母，都是按律当斩的。虽然你能够达到这一点，但是培养不出一个像孔子、曾子那样高尚德行的人。法律也可以把盗贼加以处分，但是培养不出像伯夷、叔齐那样的节操。孔老夫子培养的徒弟有三千多人，每一个人在家都能孝敬父母，出门尊敬长辈，一言一行、一举一动都是社会大众的表率。诸位朋友，靠什么呢？靠的是教育所成就的。这个就是告诉我们，通过法律可以惩罚一个人外在的行为，但是没办法培养起一个人的仁爱之心。

第三，如果忽视了伦理道德的教育，而只是靠法律来治理社会，还有一个问题就出现了，就是“法令滋彰，盗贼多有”。有一次我们去参加一个国际会议，来自世界各国的专家学者讨论问题。有一位西方的学者，还是一位女士站起身来大声说，她说你们中国人千万千万不要盲目向西方学习，为什么？因为我们西方国家并不像你们想象得那么理想。恰恰相反，还出现了你们几千年前老子所描述的情形，什么情形？很难得，一个外国的专家引用了老子的这句话，那就是“法令滋彰，盗贼多有”。你看我们的法律条款一天比一天更多、更细致、更具体、更严密，渗透到生活中的方方面面，但是社会因此安定和谐了吗？恰恰相反，违法乱纪的人、钻法律空子的人却越来越多。所以现在的西方国家因为忽视了宗教教育，他们社会也出现了监狱人满为患，政府以警察短缺为忧的现状。

《群书治要·袁子正书》上也有论述说：“不能止民恶心，而欲以刀锯禁其外，虽日刑人于市，不能制也。”我们不能制止百姓作奸犯科的心，而只是以刀具刑罚禁止人外在的行为，就是你每一天在外面执行判决、执行处罚都不能制止作奸犯科的事情发生。所以在《汉书》上也这样说，说如果我们忽视了道德教育，只是强调严行律法就会出现“法出而奸生，令下而诈起”的现象。这个法律一出台奸诈的行为就产生，命令一下达欺诈的行为就生起。就像以汤止沸、抱薪救火一样，使事情越演越烈而于事无补。那么这些论述都告诉我们一个简单的道理，那就是人心正则国治，人心邪则国乱。而要治理人心不仅仅要靠法律，更重要的就是要靠“礼”。

二、礼有五经，莫重于祭

第二个问题我们讲一讲“礼有五经，莫重于祭”。

为什么我们今天来自海内外的六千多人，汇聚一堂参加这么庄严肃穆的祭祖仪式呢？为什么国家应该重视祭祖呢？《礼记·祭统》上说：“凡治人之道，莫急于礼；礼有五经，莫重于祭。”治人治理国家的措施之中，没有比礼最重要、最急迫的了；而礼有五个方面，其中最重要的就是祭礼。礼分为吉礼、凶礼、军礼、宾礼和嘉礼，这个祭礼属于吉礼，在这五种礼之中最重要的就是祭礼。为什么祭礼最重要呢？我们从两个方面来看：首先从国家的角度，再从个人的角度。

（一）从国家角度谈祭祀的意义

从国家的角度来看，祭礼是教育之本、文化之根。我们现在都能认同习主席的号召，就是要实现中华民族伟大复兴的中国梦，必须弘扬中华优秀传统文化。那么弘扬中华优秀传统文化从哪里做起？就是要从恢复祭礼来做起，这个是教育的根本。《荀子·礼论》中讲："天地者，生之本也。"天地是万物生长的根本，没有天地怎么能够有万物的生长呢？"先祖者，类之本也。"先祖是人类的根本，没有先祖哪有我们后代子孙呢？"君师者，治之本也。"如果没有国家领导人日理万机的忙碌，怎么有安定和谐的社会环境呢？没有老师辛勤的教导，我们怎么能够明白做人的道理呢？这是祭礼的根本。所以你看，我们有很多地方都供天、地、君、亲、师，这个都是有经典依据的。而我们从天、地、君、亲、师的这个写法之中，也能够体会到祖先那种教育的诚心，教育也落实在点点滴滴之中。天、地、君、亲、师，"天地"两字要写得很宽阔，意味着什么？天宽地阔，让我们效仿天地的存心。宋儒说为天地立心，为什么叫为天地立心呢？天无私覆，地无私载，我们要学习天地的那种无私地包容万物、成就万物的存心。所以我们学习传统文化能不能契入？就看我们是不是有古人的这个心胸。唐太宗之所以下令编辑《群书治要》，之所以能够被尊称为天可汗，天底下公认的领导者，什么原因呢？首先他有为民服务的存心，他想把国家治理好，不仅仅要把自己的国家治理好，还希望自己的国家成为一个表率，让所有的国家都来学习。所以他的心胸就是包罗天下的心胸。那我们学习《群书治要》能不能契入，主要看我们有没有这种天宽地阔的存心。所以学习传统文化首先要拓开心量。如果你看谁还不顺眼，看谁还不能包容，不能宽恕，那我们学习圣教也很难入门。这个"君"字下面的"口"字必须封严，什么意思呢？告诉我们这个君说话是一言九鼎，这口不能乱开。而这个“親”字的“目”字却不能封严，什么意思呢？告诉我们亲不闭目。这是对父母亲的一种祝福，希望他们健康长寿，也是念念想着我们的所作所为都有父母、祖先在看着我们。所以我们要俯仰无愧，即使是单独处在一个房间之中，也不能做愧对于人的事。古人对自己要求得很严格，说“独行不愧影，独寝不愧衾”。独自行走的时候也要小心谨慎，不能愧对自己的身影；自己晚上睡觉的时候，虽然只有一个人，没有别人监督，但是也要小心谨慎，甚至起个念头都要谨慎，不要愧对自己所盖的被子。这就是所说的“慎独”。那么这个“師”字，不要写左边的这个“丿”，这个短撇就要省略，告诉我们师不当撇，不能把老师撇在一边，忘记了老师的教诲。那么这些写法都是给后人一个提醒，提起我们孝亲尊师这种存心。

祭祀之所以这样受人重视，就是因为祭祀的宗旨在于不忘本。所谓“报本反始也”。早在2001年，中华民族万姓先祖纪念堂刚刚落成的时候，我们尊敬的老法师就写了一篇文章，把祭祖的意义写得非常透彻。在这篇文章中，老法师告诉我们祭祀的宗旨就是让人不忘本，让人知恩报恩、饮水思源，所以它才重要。

祭祀对国家的重要性，我们可以从三个方面来看：

第一，“慎终追远，民德归厚。”在孔安国的注解中，对“追远”是这样解释的，“追远者，祭尽其敬”。祭祀的时候要表现出对祖先的诚敬之心。这个“远”有两个意思，一是父母过世已经久远，二是祖父母以及历代祖先距今已远。虽远，都要按时祭祀，表达我们知恩报恩、不忘本的心。所以祭祀要依礼、依时追念祭祀。在古代都是按照时节来祭祀祖先的，比如说春天的时候，春雨覆盖了大地，我们祭祀祖先，好像祖先也像春天一样重返人间；到冬天的时候，霜雪覆盖了大地，人们感觉到寒冷，这种寒冷的感觉不是因为天气的变化，而是因为心中忆念着故去的先人。所以春季和冬季的祭祖最为隆重。

在《礼记·祭统》中讲祭礼的来源时这样说到，“夫祭者，非物自外至者也，自中生出于心也”。祭祀祖先并不是外在的人事物要求我们这样做的，而是发自我们内心。“心怵而奉之以礼，是故，唯贤者能尽祭之义。”正是因为内心有感念祖先的这种存心，把它通过礼来表达出来，所以只有贤者才能够透彻理解祭礼的意义。确实！不是像老法师这样的贤人，把祭祀的意义给我们揭示出来，我们后代子孙都误以为这个祭礼是迷信，是形式。《礼记·祭义》上也说，“祭不欲数，数则烦，烦则不敬。”告诉我们祭礼，不能频频地举办，如果举办的太频繁，就会让人产生厌烦之心，产生厌烦了，恭敬之心自然就没有了。“祭不欲疏，疏则怠，怠则忘。”当然，祭祀也不能搞得太少，如果太少，就会让人产生怠慢，怠慢之心一产生就容易把祖先的恩德都遗忘了。所以你看，我们祖先确实是非常的有智慧，对我们什么时候祭祀，祭祀的频率，以及怎么样祭祀都有详细的描述。祭祀的时候，最重要的是从内心表达出对祖先的感恩之心。所以孔老夫子说“祭如在，祭神如神在。”如果我们祭祀的是祖先，那我们在祭祀的时候，就如同祖先就在面前一样；如果是祭神，也就像神就在面前一样，毕恭毕敬。孔老夫子还说“我祭则得福”，为什么呢？因为他对待祭祀是非常严肃的、恭谨的、诚挚的，故能得到祖先的加持和护佑。现代社会，大家都很忙碌，一年四季忙忙碌碌，没有停歇的时候，很少有人能够收摄内心，能够把自己的诚敬之心焕发出来。那么趁着祭祖的时候，大家摒弃一切外缘，把自己的心从外物上收摄回来，这也是给大家一个收摄身心的机会。所以在祭祀之前就要斋戒沐浴，对内要调摄内心，使内心清净，把心从外物上收回来。像我们这次祭祀，安排的就非常周到，前三天举办的是三时系念法会。大家参加了三时系念法会之后，这个心都定下来了，都清净下来了，再来祭祖感受就不一样。

在《论语·乡党》篇上说“斋必变食”。斋戒的时候不但不吃肉，就是好一点的饭菜也不吃，怕的是自己心里会贪着滋味。不知道大家有没有这样的恭敬心来祭祖？所以我们的老法师经常讲，我们现在的人没有恭敬心。我们听了之后就不理解，觉得我已经很恭敬了，为什么老法师还说没有恭敬心？我们读一读《礼记》，一对比我们就知道了。古人要祭祖的时候，对外要隔绝一切交际、娱乐、房事等活动。斋戒的时候要把心思集中于思念死者生前的起居住所、音容笑貌、饮食习惯、志趣爱好。当然，我们祭祖更要思念祖先留给我们的文化，我们要发心将这好的文化承传下去，为往圣继绝学，为万世开太平。这样专心斋戒三天，就能将要祭祀的先人活现在心中。你看孔老夫子思慕圣人，“见先哲于羹墙”，确实是时时想着圣贤人的教诲。所以古人看一个人斋戒时候那种恭敬的程度，就知道这个人思念亲人的程度如何了？斋戒必须谨慎，所以孔子说“我祭则得福”。祭祀为什么能够得福？“一切福田，不离方寸”。因为你把诚敬心、感恩心、恭敬心都提起来了，你怎么能够没有福报呢？如果大家都是来参与一个形式，没有内心的恭敬，那就得不了福了。进入宗庙之后，仿佛会从牌位上看到亲人；在牌位前礼拜之后，行步周旋，进奉贡品；走出门来心中肃然，亲人的音容笑貌好像就在眼前；出门之后侧耳倾听，仿佛能够听到亲人的声声叹息。所以说对先人的孝敬之情，是亲人的面容不曾离开过眼前，亲人的声音不曾离开过耳边，亲人的兴趣爱好不曾离开过心间。也就是说，他所想、所听、所看的全都是先人的音容笑貌，爱好情趣，饮食习惯等等，这样又怎么能有丝毫的不恭敬呢？所以君子对父母在世的时候是恭敬的赡养，去逝之后是虔敬的祭祀。这样的祭祀才得福。国家能够提倡祭祖，目的是使这个民风归于淳厚。

第二，昭示祖德。祭祀最重要的一个环节就是要昭示祖德，把祖宗的德行明明白白地给讲解出来，让后代子孙来效仿。比如说我们所熟知的"四知堂"，讲得是东汉时候的一位官员叫杨震，他赴任东莱太守的路上，路过昌邑县。这个县令王密就是杨震曾经举荐的，他听说自己的恩人要路过，就趁着夜色带了十斤金子来送给杨震。杨震叹了一口气说："我了解你，但可惜的是你却不了解我！"王密说："这件事没有人知道，你就放心地接受了吧。"杨震回答说："有天知，有神知，你知道，我知道，这叫四知财，怎么能说没人知道呢？"他就拒不收这四知财。杨震一生廉洁，老的时候也没有什么家产留给子孙。有同事见了就劝他说："你不为自己打算也就罢了，不留下一些财产给你的儿孙吗？"杨震怎么回答的呢？杨震说："我留给我的儿孙最好的礼物、最好的财产，那就是他们是一个廉洁官员的后代。"结果怎么样？果不其然，杨震的廉洁作风潜移默化地影响了他的儿孙，他们家连续四世子孙都有做到“三公”的位置。历史上称他们家“四世三公”。他的八世孙还做过太守，他的十四世孙就是隋朝的开国皇帝杨坚。自唐朝之后杨家就笃信佛法，和唐朝皇族结亲的很多。所以代代都有人才出现，直到现在杨家的后人在海外仍然不忘祭祀祖先。比如说在1995年，在缅甸“四知堂”的杨家后人扩建“四知堂”，为的是容纳更多的子孙来祭祀。我们看到杨震的德行庇荫了他的后人一千八百多年，代代都有贤人出现。不仅如此，你看我们经常把杨震的故事分享给大家，大家听了之后都受感动。他不仅仅庇荫了自己家的子孙，也庇荫了整个中华民族的子孙。他的后代之所以绵延不衰，什么原因？就是因为祖宗有德行。

司马光说“积金以遗子孙,子孙未必能守”。你看我们现在很多人辛辛苦苦地赚钱，赚了很多的钱自己还舍不得花，为的是什么？留给子孙后代。但是古人告诉我们，如果你的儿孙有德行、有能力，这个钱对他有什么意义？他可以用自己的德能去创造财富。如果你的儿孙既没有德行，又没有能力，你把钱留给他，迟早也会被他给败散掉。所以无论你的儿孙有没有能力，有没有德行，把钱留给他对他那都是百害而无一利。“积书以遗子孙，子孙未必能读”。你看我们学了传统文化，知道这个圣贤书特别的好，特别是我们这次祭祖，大家走的时候都会拿到一本祭祖专刊。这次很难得，有十九篇文章把祭祖的意义、祭祖的来源、还有家庭教育的重要性等等都概括得淋漓尽致。这本书编得也很用心，我们协会的义工度过了许多不眠之夜，日夜不停地校稿，才把这么好的书编辑出来了。所以大家回去要认真地读，要推荐给亲朋好友读。当然有的时候也很遗憾！这么好的书，我们的儿孙未必有那个福气能够认真地读一读，那怎么办呢？温公告诫我们，“不如积阴德于冥冥之中，以为子孙长久之计”。自己多积阴德，这个阴德会庇荫子孙能够长久不衰，代代有人才出现。就像我们上次到博罗去分享时，博罗县委书记给我们分享了一个很有趣的故事。这个县委书记很难得，看到《群书治要》就很欣赏，把《群书治要》的讲解发给他们县所有的官员，把这个播经机也发给每一个官员。但是他没有把这些书给自己的女儿，结果他的女儿去书店买书，买到了一本我以前出版的《心态即命运》。所以他分享这个故事的时候，确实觉得自己去做好事不求回报。你看不知道什么因缘，自己的家人也能够受到传统文化的利益。你看在一个新华书店之中那么多的书，琳琅满目，结果他的女儿拿到了一本传统文化的书。所以人做好事不求回报，反而这个回报马上就能得到，且都非常丰厚。

祭祖的第三个重要意义，就是在祭祖的时候宣讲家规，传承家文化。在《中国纪检监察报》上讲了这样一件事，我们从中可以体会到祠堂的教育意义。有个程家村，村子不大，全村人几乎都姓程，程家的祠堂历经数百年沧桑仍旧完好无缺。村里每有大事的时候，都是在祠堂里商议。这一天，村里德高望重的程占坤收到儿子程正义的电话，说他要到青山县去挂职当副县长。程占坤就说，那你赶紧回家，按照咱程家的祖训要为你洗礼（我们好像听说天主教、基督教才有洗礼。不知道我们中国人也有洗礼，不洗礼还不能够上任）。程占坤当了三十多年的村支书，他当村支书的那一年，就是爸爸给他洗礼的。洗礼是程家最隆重最严肃的仪式。程家祖训中有一条，一旦入仕，一旦要去当官，必须要经过洗礼，而且凡是经过洗礼的人都会一心为民、两袖清风。第二天，全村一百八十多户，每家都来一个男人，参加程正义的洗礼仪式。祠堂里摆满了十几张桌子，大家热热闹闹地忙乎着，等着洗礼完毕还要在这里摆宴席。

中午时分所有人都在祠堂前站好，洗礼开始。只见程占坤面对着祠堂上供奉着的祖先牌位高声说："各位列祖列宗，今天为程正义洗礼，请先人受晚辈一拜。"所有人都神情严肃地鞠了一个躬。程占坤接着说："祖上有训，凡为官者，皆要爱民如子，勤政敬业，否则不可为程家后代，驱逐村外，现洗礼以示警戒。"程占坤说完就拿来了一个铜盆，放在了程正义的面前，用手指轻轻沾水，在程正义的眼睛上慢慢地擦拭说："为官者要心明眼亮，看出美丑，明辨是非，不揉尘埃。"周围的人则一起高喊："人在做，天在看。"擦完眼睛，程占坤又沾水给程正义擦脸，边擦边说："为官者，脸面要干净，脸皮要清薄如纸，莫做不要脸者。"周围的人又高喊："脸面如天，天比脸面。"洗完脸程占坤又用手指在程正义的两个耳朵上擦了擦说："为官者，耳朵要清净纯洁，兼听则明，偏听则暗，去谗言，亲庶民，听民声。"大家接着喊："人言可畏，民声必听。"洗完耳朵，程占坤又把程正义的双手按在铜盆里说："为官者，吃人嘴软，拿人手短，该拿的拿，不该拿的万万不能拿。"大家继续喊："手莫伸，伸手必被捉。"程占坤做完这些，便领着程正义来到祠堂的大门口，门口有一块厚厚的石板，有人使劲一挪，一个深坑露了出来。程占坤高声喊："为官不正不廉者，唾沫也能把他淹死，来吧！唾出的唾沫就是一颗钉，大家要送给程正义多少钉。"许多人都走过来，每个人都朝深坑里唾了一口唾沫，唾完之后说："一口唾沫一颗钉，千万莫要掉下坑。"程占坤对程正义说"跳过这个坑"，程正义便跳过了这个坑。祠堂门外新放了又一块石板，程占坤说："从今以后，你要踏踏实实走路，正正当当做人。"程正义便一步站在石板上，这时祠堂里的人都高声说："走出程家村，执政为人民，两袖清风随身伴，一颗红心报党恩。"程占坤大吼一声："好好走路。"大家喊："一路走好。"程正义含着眼泪走出祠堂时晓得了，以后的路应该怎么走。这就是祠堂前的洗礼。你看这么做，教育的意义非常深刻，让一个即将上任的人提起战战兢兢的心，知道不该做的千万不能做，不仅给自己的祖先抹黑，还会留下千古的骂名。你看这样的教育意义多么的深刻。

所以，中央纪检委书记王岐山同志在《人民日报》发表文章特别指出："要发挥礼序家规、乡规民约的教化作用，为全面推进依法治国提供历史智慧和文化营养。法律是他律，道德是自律。实现他律和自律的结合、道德教化和法制手段兼施，让道德和法制内化于心、外化于行。"我感觉王书记是对依法治国的理念理解得最全面、最透彻的一个人。"徒法不足以自行"，必须礼法合治，而且德主刑辅，才能够把这个国家治理好。祭祀活动之所以特别的重要，因为它起到了教育的意义。教什么呢？就是教人孝道，我们知道"教"是"上所施、下所效"。父母在世的时候，我们对父母恭敬孝顺，孩子自然从我们身上学会了孝道。但是如果父母过世了，我们怎么样教导孩子孝顺呢？这个就是《礼记·祭统》上所说："君子之教也，外则教之以尊其君长，内则教之以孝于其亲。"教人孝于其亲必须从根本上来教起，也就是从孝道上来教起。那么怎么教?下面就说到了重点,“顺之至也,祭其是与”。就是把这个孝顺之心表达到极致就是祭礼了。为什么呢?当父母在世的时候,你对他恭敬,可能还是畏惧父母的权威,或者还是有别的企图。父母过世之后还能定时的纪念、祭祀,那就是纯粹的一片知恩报恩的心,是一种念恩之心。所以通过祭礼就可以把孝顺之心表现得淋漓尽致。“故曰:祭者教之本也已。”这个祭祀是教育的根本。所以他特别强调“祭而不敬何以为也?”如果你去参加了祭祀,却没有内心的恭敬,那又何必去参加呢?

古代的很多皇帝都是身体力行圣贤的教诲。比如说在明仁宗还是太子的时候,有一次明成祖来到了南京,退朝之后就把侍奉太子的东宫官杨士奇招来问他:“你已经辅佐太子很长时间了,对他的为人也了解得很透彻了,那么你看太子的为人到底怎么样呢?”杨士奇回答说:“太子的仁孝恭敬之心不是一般人所能比的。”明成祖就让他拿出具体的事例来说明这一点。杨士奇说:“每一年要去祭祀的时候,太子都是亲自去检查祭器,从不把这件事交给别人去做。比如说去年的时候,要到祭祀的时候,太子突然得了痛风病,医生告诉他必须要吃药发汗才可以。但是太子说,如果要吃药发汗的话我怎么能够亲自去参加祭祀?左右的人就说了,您可以找一个人代您参加。太子就说:‘皇帝把祭祀这么重要的事情交给我,我又委托给别人去做,这不就是违背君上的命令吗?’所以他仍然带着病亲自去参加祭祀。结果怎么样呢?祭祀结束后,他自己出了一身汗,病也就不治而愈了。再比如,每一次他要给皇帝您进奉食物或者其他东西的时候,太子一定会把这些礼物亲自检查，检查好之后还要亲手把这个封口封上，然后才让他们起程。”明成祖听了之后就说：“这不过是为人子者应尽的本分而已。”杨士奇怎么回答呢？他说历来的大圣大贤都是把自己应该做的事情做到了极致而已。俗话说行行出状元，为什么他能成状元呢？就是他把自己的本职工作做到了极致，所以他才脱颖而出，从一般人中出来当了领导，当了状元。从这里边我们可以感受到，仁宗皇帝在做太子的时候就培养了这种恭敬之心，而且把祭祖这件事看得无比重要。上行而下效，他当皇帝之后这个国家也治理的很好。

（二）从个人角度看祭祖的意义

从个人的角度来看，祭祖有什么意义呢？祭祖可以说是一个人的修身之基、入道之门。为什么这么重要？“古礼首重祭礼，诚属心性极则之理而表现于吾人日常生活中者也。真一切行门之大根大本也。”什么是心性极则之理？就是孝道，这个“孝”字上面是一个老字一半，下面是一个子字，告诉我们上一代和下一代是一体的，而上一代还有上一代，下一代还有下一代，这上一代和下一代自始至终都是一体的。所以儒家从竖的方面讲对父母祖先的孝，从横的方面讲兄弟之间的友悌，又把兄弟之间的友悌推广到“四海之内皆兄弟也”。换一句话说这个孝字代表了“过去无始，未来无终，竖穷三际，横遍十方”。这个东西是什么？这就是我们的心性，这就是心性极则之理，无量光无量寿。这不就是一个孝字都代表了吗？所以你看通过祭祖把我们一体的心给引发出来了。我们不仅和祖先是一体的，和我们的后代子孙也是一体的；不仅仅和人，和众生、和自然界万物都是一体的。这就叫仁——仁爱之心。所以古人把这个仁称为一体之仁，如果有“二”这个概念，这个仁就不存在了。如果我们通过祭祖把这个一体的心给开发出来，你想想我们还会看谁不顺眼吗？还有谁不能包容吗？还会和谁过不去吗？所以你看我们的祖先真是无比的慈悲，通过这个祭礼，来培养我们的仁慈之心。

我们看孔老夫子在称赞舜的时候说了这样的一句话，“大德必得其位，必得其禄，必得其名，必得其寿”。真正有德行的人一定是五福临门，福禄寿名都是齐全的。但是反观我们自身，还有这样或者那样的缺陷，什么原因呢？原因很简单，就是我们的德未修、感未至。想想大舜他虽然高居天子之位，但是因为感化不了后母、兄弟，还常常到原野上去哭泣，最后怎么样呢？终于把三番五次要置他于死地的后母都给感化了。诸位朋友，请问一下，我们周围有没有像大舜的后母那样想三番五次要置我们于死地的人呢？我们很幸运没有遇到这样的人。我们身边都是我们的父母兄弟，是我们的同参道友，结果连他们都不能感化，诸位朋友，原因在哪里？原因很简单，就是我们的德未修、感未至。

有人说，若真修道人不见世间过。我怎么就做不到不见世间过呢？我看他做错事，我心里就是不舒服，那怎么办？有一个办法，你看他做错事的时候就自我反省，为什么他会做错事？因为我的德行不够，还没有感化他。所以我们要把正确的事情无数次、重复地在他面前表演出来，直到把他感化为止。这是我们能够做到的。所以你看，学了大舜，我们培养了一体的孝心，很多事情就迎刃而解了。修行是修正自己的行为、自己的思想、自己的言语，不是手电筒总是往外照，总是看别人的问题，这样的话总也不能提升。

我们之所以没有极乐世界那么完美境界的生活，是什么原因呢？因为极乐世界的人心地纯净纯善，所以才感召了人际环境好、地理环境好、物质环境好。我们之所以还生活在娑婆秽土，这也是我们的心所感召的，是吧？如果我们的心好了，你就会发现确实人人是好人，事事是好事，时时是好时，日日是好日。所以，你看自己什么时候成菩萨成佛了呢？当你看每一个人都是菩萨的时候，你自己就是菩萨了；你看每一个人都是佛的时候，你就是佛了；你看每一个人都是凡夫，你自己就是一个障重凡夫。这个道理很简单。

我们生活中每一天都在接受考试。我们之所以经常会遇到不满意的事情，不顺心的境缘，原因很简单，就是因为我们在这个问题上总不过关，所以总要有考题来考我们。所以我们不要再去生气，说这个考官出的题太难，其实是我们自己的修行还有待提升。所以确实境随心转，一切境缘都是提升我们的机会。古人说仁者无敌。有仁爱心的人，不是说打遍天下无敌手，而是说他从内心就从来不和任何人有对立。你起了一个对立，说明我们的这个心起妄心了，已经是嗔心了，已经是污染的心了，和我们这颗纯净纯善的心已经隔得很远了。所以要学仁者就是要学和任何人都不起对立。

我们怎么样培养自己的慈悲心、仁爱之心？大家可能都有自己特别喜欢的人，因为自己是凡夫，还没有达到平等心，总觉得有的人和我们投缘，有的人和自己不是特别投缘，这个分别心很重。怎么办呢？有一个办法，就是任何人来到你面前的时候，你都把他看成是你最喜欢的那个人。对于你最喜欢的人，肯定是什么都好，他说什么都好，没毛病、没问题。这样的话慢慢地这个慈悲心就提起来了。我们今天祭祖不是为了赶热闹，不是为了图形式，我们要从根本上去着眼。我们学传统文化的很多人都迷于形式，虽然老法师经常强调要重实质、不重形式，但是很多人却恰恰相反，是重形式、不重实质。所以今天下午留下来听课的人，我非常佩服大家，因为大家都是重实质、不重形式的人。

（三）林则徐的《十无益》

在这里，我想和大家一起再学习一遍林则徐的《十无益》。这篇文章是林则徐先生写给他的子孙后代的，对我们非常有启发：

第一，“存心不善，风水无益”。很多人学了传统文化特别喜欢找个人看看风水，这个门应该从哪开，这个桌子应该怎么摆，这个墙应该怎么样设置。这些有没有用呢？当然这也有用，但是这并不是根本。如果一个人心地不善良，即使有一个风水宝地，你也按照风水先生的计划来改造了，但是过了一段时间这个风水又被你破坏了。所以福人居福地，福地福人居。最重要的是把自己的善心培养起来。

第二，“不孝父母，奉神无益”。你看我们现在很多寺院、庙宇，来烧香拜佛的人很多。但是为什么来烧香拜佛？很多人是求升官、求发财、求保佑，结果在家连父母都不能够孝敬，这么大的恩德都不能够去报答，神怎么可能保佑你呢？是吧？

第三，“兄弟不和，交友无益”。很多人，包括我自己也在内，在外边对同学对朋友都是彬彬有礼，生怕自己的无礼言行冒犯了别人。但是跟自己的哥哥、姐姐说话的时候就不客气了，好像自己学了传统文化，掌握了世间最高的真理，你们都应该听我讲，做妹妹的悌心没有提起来。我们很多人从小没有学习怎么样为人臣、怎么样为人子、怎么样为人弟、怎么样为人妹、怎么样为人妻，结果怎么样？现在有一些女强人，外表一看光环很多，但是家庭没有经营好。是什么原因呢？就是因为这个女子没有学女子之道。一阴一阳之谓道。男子是天，女子是地，女子要效仿大地，要厚道、要包容万物。但是自己没有学会包容，硬碰硬怎么能不出现状况？所以我们要学会以柔克刚。这个是我们需要学的一个内容。如果不懂得这一点的话，你做人臣肯定做不好，做学生肯定做不好，做妻子肯定做不好，做弟弟、妹妹也肯定做不好。兄弟不合，很多人为了一点财产就吵上了法庭，这个确实是让人很不齿的事。古人把手足之情看得特别重，不会因为一点点的财产就吵上法庭。

法照禅师曾经写过一首诗，我们不妨再回顾一下，这首诗讲的就是兄弟之情。

同气连枝各自荣，些些言语莫伤情。
一回相见一回老，能得几时为弟兄。
弟兄同居忍便安，莫因毫末起争端。
眼前生子又兄弟，留与儿孙作样看。

“同气连枝各自荣，些些言语莫伤情。”一家的兄弟姐妹就像一棵大树上长出的不同枝杈，虽然他们长大之后各自都有发展，各自都成家立业，但兄弟姐妹确是一个根长出来的。所以在说话的时候千万不要因为言语不谨慎，伤害了兄弟姐妹之间的深情厚意。“一回相见一回老，能得几时为弟兄。”像我们上了年纪的人可能都有这样的感受，逢年过节了，回到家里看到了哥哥姐姐，突然发现他的头上多了几根白头发，脸上多了几道皱纹。确实是一回相见一回老，我们还有多长时间能够守在一起互相关心、互相照顾、互相呵护？“弟兄同居忍便安，莫因毫末起争端。”兄弟姐妹之间相处，只要守住一个忍字便相安无事，千万不要因为芝麻大一点的小事就起了争端，甚至吵上了法庭。“眼前生子又兄弟，留与儿孙作样看。”现在我们这一辈都成家立业了，各自有了自己的孩子，也有自己的兄弟姐妹。如果我们这一代做到了兄友弟恭，互相关心、互相照顾、互相呵护，那么下一代也会从我们身上学会了团结友爱。所以你看，古人这样重视兄弟之情、手足之情，怎么可能因为一点点财产就吵了起来，把对方告上了法庭呢？所以古人交友，看看这个人可不可交，首先看看他对父母如何？再看一看他对兄弟姐妹如何？如果他对父母都不孝敬，对兄弟姐妹都不照顾，对朋友好肯定不是真心的，一定是有利可图的。

第四，“行止不端，读书无益”。读书志在圣贤，至少也做一个君子。所以古人读书是为了提升自己的道德学问，而不是像我们现在读书，为的是什么？为的是赚钱，为有一个好前程，这样读书的目的就偏颇了。如果我们读了很多书，但是做事、思想、言行都不正，读书也是白读了。所以我们经常说现在社会培养了很多有知识而没有文化的人，什么叫有知识没文化呢？比如我们学过“锄禾日当午，汗滴禾下土，谁知盘中餐，粒粒皆辛苦。”我们把它倒背如流，考试的时候也能对答如流得一百分。但是我们吃饭的时候还经常剩饭，把白花花的大米饭、馒头毫不犹豫地倒进垃圾桶。你没有被这首诗给教化，你没有因为学了这首诗而发生转化。这就叫有知识没有文化。我们不要做这样的人。

第五，“做事乖张，聪明无益”。乖张就是不循理，不符合情理，与人情道理都相背离。这样的人虽然有聪明智慧，这个聪明智慧也不会对社会有利。所以《弟子规》告诉我们，“首孝悌，次谨信”，做好这些然后才去学习那些见闻的东西。一个人没有德行，做事技巧很高明，这个技巧反而会给社会国家带来更大的危害。

第六，“心高气傲，博学无益”。博览群书，其实也是为了提高自己的道德学问。结果我们学得越多，没有变得越谦虚，反而越来越瞧不起人，越来越不把别人放在眼里，越来越不懂得尊敬人，那么学得再多对自己的修身也毫无益处！

第七，“时运不济，妄求不宜”。时节因缘不成熟，即使你想方设法地、忙忙碌碌地妄求也达不到预期的目的。我们观察宇宙自然的现象，都给我们很多的启示，“瓜熟蒂落，水到渠成，春生夏长，秋收冬藏”。我们的事业还处在春生的阶段，就不要指望它立刻有收获。孔老夫子告诉我们，“欲速则不达，见小利则大事不成。”所以时节因缘不成熟，不要去妄求，这样让自己很有压力，也很难达到预期的效果。所以古人说随缘而不攀缘，讲的就是这个道理。

第八，“妄取人财，布施无益”。有的人贪污受贿，营私舞弊，贪了很多的钱又拿出其中一点点的钱去布施，为了博取赞叹、博取虚名，这是伪君子。布施的目的就是要杜绝悭贪，要你不要那么吝啬，结果你还经常取不义之财，布施也没有真正的效果。

第九，“不惜元气，医药无益”。你饮食起居都不正常，该休息不休息，该吃饭的时候不吃饭，暴饮暴食，还过度地贪图财色等等，这样一来伤了元气，即使有再好的医生、再好的医药，对你的健康也没有帮助。

第十、“淫恶肆欲，阴骘无益”。过分地贪着于女色，做事都太过分，骄奢淫逸，即使祖宗有阴德，自己做了很多好事，也不会给你带来真实的利益。就像我们要往这个杯子里面装水，如果这个杯子是漏的，水装再多也没用，水全都漏下去了。

古人说“天道祸淫最速”。天道自然的规律，给那些淫乱的人、放纵的人带来灾祸是最迅速、最迅速的了。所以特别是学佛的人，一定要把五戒持好，千万不要做杀盗淫妄的事。那么这个邪淫，第一它会损害你现世的阴德福报，还会使自己身心不安。家人如果知道了，他都会为你这个行为感觉到羞耻，还会使你的事业不顺利，经常出状况，身体会得疾病，艾滋病等各种病也都容易沾染。又因为邪淫，还要经常蒙骗家人，所以你还会触犯像妄语、绮语等等的戒律。古人还说，欲是深渊。如果你沉迷于欲望而不能自拔，那就是发展了禽兽的品性，而忽视了灵性的提升。追求卿卿我我的婚外情，不仅会破坏了自己的家庭幸福，也破坏了人家的家庭和谐，而且也把两个人原本美好的友情破坏了。对于学佛的人就更严重了，人家会说，你看这个人还是佛弟子，他居然还邪淫。这是在以身谤佛，让人对佛法也失去了信心。所以这个邪淫的罪过无量无边，作为佛弟子一定要戒除。这个就是我们讲的祭祖对个人修身有什么益处。

在《群书治要·尚书》上也提出："内作色荒，外作禽荒。甘酒嗜音，峻宇雕墙。有一于此，未或不亡。"你看古人特别有智慧，不是说等这个人已经锒铛入狱了才去议论，而是事前就对你有所提醒、有所警戒。他看到这个人所作所为，就知道他以后的结果如何。对内兴起了迷恋女色之风，对外沉迷于打猎、游玩，没有节制；还喜欢饮酒，沉溺于靡靡之音；住的房屋又高又大，墙上还雕刻着花纹。以上这些情况只要有一件出现了，那就没有不灭亡的。更何况现在很多的领导干部，这六种情况全都做到了，那还有不灭亡的道理吗？这些都是值得我们，尤其是领导干部的警觉。

三、冬至祭祖的教育涵义

第三个问题，我们讲一讲冬至祭祖的特殊涵义。

冬至是阴极而阳升的时节，因为冬至这一天是夜最长，日最短。那么从这一天起之后就改变了，日越来越长，夜越来也短。那么这一个时节，对于我们学习传统文化的人有什么启发呢？它就是让我们趁着这一个时节，提起我们的念恩之心、忏悔之心、改过之心，能够洗心易行。这些都从焕发孝敬开始。所以我们趁着这个时节来祭祖、来念恩。念什么恩？你看我们这个会场左右两旁有两句对联："孝是中华文化的根，敬是中华文化的本。"孝亲尊师是中华文化得以承传的根本所在，所以要念恩，首先要念父母养育之恩。所以在《孝经》上说，"一个人不爱他的父母亲而去爱别的人，这是和德行相背离的；一个人不尊敬他的父母亲，而尊敬别的人，这也是和礼相背离的。”所以我们为什么要念恩？传统文化是心法，必须把自己的心门打开，你才能够契入，它不是知识的传授。我们通过念恩提起自己的孝心，通过尊师提起自己的恭敬之心。我们把孝门、敬门开启了，我们学习传统文化才能够契入。那为什么父母之恩值得怀念呢？你看佛给我们说了父母的十重恩，我们不妨一一回顾一下。

第一，“怀胎守护恩”。我们的身体来自父母，父母还有养育、教育之恩。所以人不孝父母，那就没有做人的根本了。就像母亲“怀胎守护”的辛劳，很多女性在怀孕的时候会“害喜”，在很不舒服的情况下，还要勉强把食物吃下去，都是念念为孩子着想。其实整个天地，上天的安排非常微妙，好像有一个循环，让人能够这一生不留下遗憾，能把父母的恩德回报圆满。我们因有父母的养育、教育而成长，我们什么时候来回报父母这个恩德？父母上了年纪，我们搀扶着父母行走，就好像我们小时候学走路，无数次的跌倒都是父母扶持和鼓励。所以，做什么事最让自己的良心安？就是孝顺父母，照顾老人吃饭，因为老人有时饭菜不小心掉下去。我们小时候，父母喂我们吃饭、教我们吃饭，也是花了无数的心血，从来没有对我们一点嫌弃的。父母老了，我们在这些生活中都能非常细腻地去体恤，绝对没有一丝一毫的嫌弃。这不就是让我们在这一生能回报所有成长过程中，父母点点滴滴的辛劳吗？我想，这是上天给为人子女者最大的一个礼物。所以，能孝顺父母的人是最有福气的人。其实人最大的福气就是心安理得，俯仰无愧。

第二，“临产受苦恩”。生产过程是相当痛的。我曾经听过比喻，阵痛的时候非常难忍，好比有人拿着一支钢刀在剜你的身体。你看，父母为把我们带到这个世上，是忍受多么大的苦痛！

第三，“生子忘忧恩”。这么大的痛苦，当孩子生出来，母亲第一个念头就是孩子健不健康？把自己的痛苦完全放下，念念想着孩子的安危。

第四，“咽苦吐甘恩”。母亲自己吃粗劣的食物，都把最好的饮食留给我们。

第五，“推干就湿恩”。孩子半夜尿床，母亲都把干的地方让给孩子睡，自己睡湿的地方。其实我们的父母都是这样，好的都留给我们，辛劳都自己承受。

第六，“哺乳养育恩”。孩子生下来，前三年都在母亲怀抱中，自身没有生存能力。我们三岁之前，可能喝掉几百公斤母亲的乳汁，那等于是母亲的血，她身上的营养。所以为什么女人的骨头比较黑、比较轻？就是养育子女过程中耗损掉的。

第七，“洗濯不净恩”。我们从小到大的成长过程，大小便都是父母来收拾。如果我们有机会看一看父母的手指，可以发现，父母因为年轻的时候带孩子的劳累，骨节非常大，甚至累得变了形，因为经常洗孩子的尿布，手上都裂了好多口子。

第八，“远行忆念恩”。儿行千里母担忧。记得我在上大学的时候，我和我的哥哥有两年是同时上大学，把母亲一个人留在家里。每到假期结束要返校的时候，母亲都是恋恋不舍，我们也都非常的难过，因为要把母亲一个人留在家里那么久，让她一个人牵肠挂肚。所以我们到校后会经常给母亲写信，汇报我们在校的学习生活情况，以免母亲挂念。现在通讯条件好了，有机会就给母亲打电话，多报平安，因为父母的心中无时无刻不在牵挂着儿女。

第九，“深加体恤恩”。在我们一路走来的每一个关键的时候，都有母亲适时的提醒。我现在还留着上大学的时候母亲写给我的信，那个时候几乎是每一周都能够收到母亲的一封信。上大学的时候母亲提醒我，说要写入党申请书了，而且还告诉我入党的目的是为了国家、为了人民，不是为了自己升官发财，让我要发这样的心来入党。当我们推广传统文化，到处都是鲜花掌声的时候，我的母亲提醒我说，你要小心了，在荣誉面前，你要谦虚谨慎、戒骄戒躁。当我要来香港学习的时候，我母亲说，香港确实需要人才，但不是你这样的人，是德才兼备的人。言外之意，说我还不是一个德才兼备的人，既没有德行又没有才能。所以我也非常努力，希望有朝一日能够成为母亲满意的德才兼备的人。

第十，“究竟怜愍恩”。父母对儿女的牵挂确实直到临终的那一天。有一个母亲八十多岁，年老多病，要过世了。她的女儿也得了癌症，这位母亲临终时说，她希望能够把女儿的癌症带走。结果真心非常的有感应，这个母亲过世几个月后，她这个女儿的癌症真的痊愈了。所以你看这个母亲，在临终的那一刻仍然在牵挂女儿的病。即使父母对我们的牵挂照顾，还有建议，有的时候不很合我们的心思，甚至被我们误解，他们仍然无怨无悔，默默地承受，这就是我们的父母。所以，父母的恩德比天高，比海深，我们无论怎么做都不能够回报父母之恩于万一。所以我们也要提醒自己，从今往后再也不能说一句忤逆父母的话，再也不能做一件让父母伤心的事。

有一个母亲的八大谎言我也经常和大家分享，非常的感人。

儿时家里很穷，饭常常不够吃，母亲就常把自己碗里的饭分给孩子吃，母亲说，孩子，快吃吧,我不饿。孩子吃鱼的时候，母亲不吃，母亲又用筷子把鱼夹回孩子的碗里。母亲说，孩子，快吃吧，我不爱吃鱼。

很多人看了之后就想，这个母亲还吃鱼，你看我们很多人学了佛之后，看父母也不吃素，也不懂因果，也不学圣贤教诲，越来越看不起父母。这个离道越来越远了。当父母把鱼和肉夹给我们碗里的时候，我们能够体会她的存心吗？我们只是执着于不应该吃鱼，但是却把父母的存心都给忘记了，难怪我们越学越让父母伤心。

有一个冬天，孩子半夜醒来，看到母亲还躬着身子在油灯下糊火柴盒。孩子说，母亲，睡了吧，明早你还要上班呢。母亲笑了笑说，孩子，快睡吧！我不困。高考结束的铃声响了，母亲迎上去递过一杯用罐头瓶泡好的浓茶叮嘱孩子喝了，望着母亲干裂的嘴唇和满头的汗珠，男孩将手中的罐头瓶反递过去请母亲喝。母亲说，孩子，快喝吧，我不渴！父亲病逝之后，母亲又当爹、又当娘，苦不堪言。然而，母亲多年来却始终不嫁。别人再劝，母亲也断然不听，母亲说，我不爱。身在外地工作的孩子常常寄钱回来补贴母亲。母亲坚决不要，并将钱退了回去，母亲说，我有钱。孩子长大了，有了一份好工作，孩子想把母亲接过来享享清福，却被老人回绝了，母亲说，我不习惯。晚年，母亲患了重病，住进了医院，孩子千里迢迢赶回来时，术后的母亲已是奄奄一息了。望着被病魔折磨得死去活来的母亲，孩子悲痛欲绝，潸然泪下。母亲却说，孩子，别哭，我不疼。

你看，母亲在最痛苦的时候，还在念着儿女的感受，完全不顾自己的病情，这就是我们的母亲，没有自己，只有儿女。所以我们应该怎样来回报父母之恩呢？首先要养父母之身，要让父母的身心安乐，经济上没有后顾之忧，要让他有一个好的物质保障。除此之外更重要的是尊敬父母，养父母之心。孔老夫子的弟子来请教什么是孝？孔老夫子说，现在的所谓孝子，认为能赡养父母就尽到了孝道，但是这个犬、马也能够用他们的体力来养主人，如果只是赡养父母的话，这个人和动物怎么能够区别开来呢？所以赡养父母、最重要的是从内心表达出对父母的尊敬和感恩之心。

《礼记》上给我们讲古人是怎么样侍奉父母的：儿子侍奉父母，应该是鸡刚刚啼叫，就起来洗漱、梳头、戴帽、理好饰物、系好帽缨、穿上端服、套好蔽膝、系上大带、插上笏板。左右两边佩戴用具（就是父母可能需要的东西），然后去父母、公婆所居之处。到了那里静气平声，询问父母需要什么就恭敬的送上什么，和颜悦色以问寒问暖；父母如有过错，要心平气和，低声劝说；如果劝说听不进去，就要更加恭敬孝顺，待父母亲高兴时再次劝说。如果父母发怒不高兴，甚至打得自己头破血流，也不能厌恶埋怨，还要更加恭敬孝顺。父母去世以后，将要做善事的时候，想到要让父母留下好的名声，就一定要实现它。

我们从中感受到古人对父母的恭敬了吗？我们从中体会到老法师为什么经常说我们这一代人没有恭敬心了吗？那我们再想一想，一个儿女对父母是如此毕恭毕敬，一个儿媳妇对公婆是如此的毕恭毕敬，怎么可能会出现打骂父母、不孝公婆的情况呢？那是不可能出现的事。

古语云："树欲静而风不止，子欲养而亲不待。"我们行孝不能等，如果我们在孝道上有亏欠的，大家赶紧回去给父母忏悔认错，把这一课给补上。大家一看这个"命"字就明白了，人一叩头命就改，为什么人一叩头命就改呢？因为你知道自己错了，趁着自己父母有生之年，还能有机会向他们忏悔改过，不要让我们的人生留下遗憾。

最后我给大家讲一个杨黼寻佛的故事。杨黼听说无际大师非常有道德有学问，于是就千里迢迢到四川去寻访无际大师。在路上遇到了一个僧人，问他要去干什么？他说，我听说无际大师非常有道德学问，我要向他求学，向他学佛。这个僧人说，你要向无际大师学佛，不如直接向佛学。杨黼问，那佛在哪里呢？僧人说，你现在往回家走吧，这一路上如果你能遇到一个披着被子、倒趿拉鞋的人，那个人就是佛。于是他就往回走，走过了很多旅店也没有遇到一个披着被子、倒趿拉鞋的人。当他很失望地回到了家里，已经是很晚了。他就敲门，母亲一听儿子回来了，喜出望外，也顾不上穿好鞋、穿上衣服，匆匆忙忙地就来给儿子开门。杨黼进屋一看，母亲正披着破被、倒趿拉着鞋在迎接他。杨黼恍然大悟，原来母亲就是佛。从此他侍奉他的母亲直到过世，他自己也活了八十多岁颂偈而逝。

这个故事告诉我们什么呢？告诉我们佛在心中莫远求，父母就是观世音菩萨、就是佛。在家敬父母，强胜远烧香。当然，“父母离尘垢，子道方成就。”你出去远学是为了更好地帮助父母，让他们都能够脱离苦海，这也是值得赞叹的。所以佛法论心不论事，主要是看你们发的什么心。那今天由于时间关系，我们就先讲到这里，下次有机会再和大家一起学习。

（根据作者2014年12月在香港亚洲国际博览馆讲座《承传文化，从根救起》整理）